大连理工大学管理论丛

转型经济下装备制造企业的主导逻辑及其影响因素

苏敬勤 单国栋 张 帅 著

国家自然科学基金重点项目"新技术环境下的组织创新研究"（项目号：71632004）

国家自然科学基金面上项目"管理研究中的中国情境——架构、识别与 CCR 研究方法"（项目号：71372082）

教育部人文社会科学重点研究基地重大项目"大数据与互联网条件下的技术创新模式：行为视角的研究"（项目号：15JJD630004）

中央高校基本科研业务费人文社科科研专题（智库）资助项目"东北地区国有企业的共现基模及其对创新发展的影响"（项目号：DUT17RW226）

资助出版

科 学 出 版 社
北 京

内 容 简 介

改革开放以来，中国装备制造企业取得了长足的发展。除中国庞大的市场驱动之外，决定企业战略的主导逻辑起了重要作用。中国装备制造企业的主导逻辑是什么？影响主导逻辑形成的因素有哪些？它们之间又有什么关系？这些学术界此前甚少探讨的问题正是本书所力争解决的核心问题。为此，我们选择三家具有典型性的企业（大连机车、三一重工和外高桥造船），通过严谨的案例分析，并综合运用扎根理论、认知地图等工具对中国装备制造企业主导逻辑的影响因素、逻辑类型和形成机理进行了深入研究。期望本书能够为我国装备制造企业战略管理的理论与实践提供工具方法和行动指导。

本书可供战略管理领域的研究人员参阅，也可供装备制造企业管理者和政府部门的相关管理人员阅读。

图书在版编目（CIP）数据

转型经济下装备制造企业的主导逻辑及其影响因素 / 苏敬勤，单国栋，张帅著. —北京：科学出版社，2018.10

（大连理工大学管理论丛）

ISBN 978-7-03-057917-1

Ⅰ. ①转⋯ Ⅱ. ①苏⋯ ②单⋯ ③张⋯ Ⅲ. ①装备制造业–工业企业管理–研究–中国 Ⅳ. ①F426.4

中国版本图书馆 CIP 数据核字（2018）第 127828 号

责任编辑：李 莉 陶 璇 / 责任校对：李 影
责任印制：吴兆东 / 封面设计：无极书装

科 学 出 版 社 出版

北京东黄城根北街 16 号
邮政编码：100717
http://www.sciencep.com

北京通州皇家印刷厂 印刷
科学出版社发行 各地新华书店经销

*

2018 年 10 月第 一 版 开本：720×1000 B5
2018 年 12 月第二次印刷 印张：10 3/4
字数：220 000

定价：88.00 元

丛书编委会

总　序

　　编写一批能够反映大连理工大学管理学科科学研究成果的专著,是几年前的事情了。这是因为大连理工大学作为国内最早开展现代管理教育的高校,早在1980年就在国内率先开展了引进西方现代管理教育的工作,被学界誉为"中国现代管理教育的先驱,中国 MBA 教育的发祥地,中国管理案例教学法的先锋"。大连理工大学管理教育不仅在人才培养方面取得了丰硕的成果,在科学研究方面同样取得了令同行瞩目的成绩。例如,2010年时的管理学院,获得的科研经费达到 2 000 万元,获得的国家级项目达到 20 多项,发表在国家自然科学基金委员会管理科学部的论文达到 200 篇以上,还有两位数的国际 SCI、SSCI 论文发表,在国内高校中处于领先地位。在教育部第二轮学科评估中,大连理工大学的管理科学与工程一级学科获得全国第三名的成绩;在教育部第三轮学科评估中,大连理工大学的工商管理一级学科获得全国第八名的成绩。但是,一个非常奇怪的现象是,2000年之前的管理学院公开出版的专著很少,几年下来只有屈指可数的几部,不仅与兄弟院校距离明显,而且与自身的实力明显不符。

　　是什么原因导致这一现象的发生呢?在更多的管理学家看来,论文才是科学研究成果最直接、最有显示度的工作,而且论文时效性更强、含金量也更高,因此出现了不重视专著也不重视获奖的现象。无疑,论文是重要的科学研究成果的载体,甚至是最主要的载体,但是,管理作为自然科学与社会科学的交叉成果,其成果的载体存在方式一定会呈现出多元化的特点,其自然科学部分更多会以论文等成果形态出现,而社会科学部分则既可以以论文的形态呈现,也可以以专著、获奖、咨政建议等形态出现,并且同样会呈现出生机和活力。

　　2010年,大连理工大学决定组建管理与经济学部,将原管理学院、经济系合并。重组后的管理与经济学部以学科群的方式组建下属单位,设立了管理科学与工程学院、工商管理学院、经济学院以及 MBA/EMBA 教育中心。重组后的管理与经济学部的自然科学与社会科学交叉的属性更加明显,全面体现学部研究成果的重要载体形式——专著的出版变得必要和紧迫了。本套论丛就是在这个背景下产生的。

　　本套论丛的出版主要考虑了以下几个因素:第一是先进性。要将学部教师的最新科学研究成果反映在专著中,目的是更好地传播教师最新的科学研究成果,为推进管理与经济学科的学术繁荣作贡献。第二是广泛性。管理与经济学部下设的实体科研机构有 12 个,分布在与国际主流接轨的各个领域,所以专著的选题具有广泛性。第三是纳入学术成果考评之中。我们认为,既然学术专著是科研成果的展示,本身就具有很强的学术性,属于科学研究成果,有必要将其纳入科学研究成果的考评之中,而这本身也必然会调动广大教师的积极性。第四是选题的自由探索性。我们认为,管理与经济学科在中国得到了迅速的发展,各种具有中国情境的理论与现实问题众多,可以研究和解决的现实问题也非常多,在这个方面,重要的是发动科学家按照自由探索的精神,自己寻找选题,自己开展科学研究并进而形成科学研究的成果,这样的一种机制一定会使得广大教师遵循科学探索精神,撰写出一批对于推动中国经济社会发展起到积极促进作用的专著。

　　本套论丛的出版得到了科学出版社的大力支持和帮助。马跃社长作为论丛的负责人,在选题的确定和出版发行等方面给予了自始至终的关心,帮助学部解决出版过程中的困难和问题。特别感谢学部的同行在论丛出版过程中表现出的极大热情,没有大家的支持,这套论丛的出版不可能如此顺利。

大连理工大学管理与经济学部

2014 年 3 月

前　言

改革开放以来，中国经济发展成就斐然，中国企业也实现了不同程度的迅速成长。中国企业是在一个极其复杂、动态、冲突和独特的外部环境下取得如此显著的追赶成就的。特别是进入 21 世纪以来，中国国内外环境发生了一系列重大变化，本土企业面临的发展情境更趋复杂和独特。中国企业在转型经济和独特的中国情境中，表现出了不同于西方企业和传统管理理论的行为特征，探究这些特征背后形成和演变的规律、原因，是中国情境管理理论发展的必然要求，也是总结中国企业成功经验，并指导进一步管理实践的迫切要求。而要从本质和源头上探究本土企业战略行为的规律，必然要从管理认知，特别是战略决策者的认知层面去考虑，主导逻辑（dominant logic）的研究正是一个很好的视角。我们以此切入，关注转型经济情境下中国装备制造企业的主导逻辑是什么的问题，并通过三个子研究来完成这一工作。

首先，对影响中国装备制造企业主导逻辑的独特情境因素进行归纳、分析和解读，此问题的回答也界定了中国装备制造企业主导逻辑核心类属的划分标准，从而为进一步研究中国装备制造企业主导逻辑的内涵、特征提供了理论基础。其次，明确中国装备制造企业的主导逻辑大致有几种类型，每种类型主导逻辑的概念构成维度如何，每个构成维度的内涵、属性、特征是什么。最后，深入剖析中国转型经济情境同装备制造企业主导逻辑之间的互动机理是什么，即前述影响因素对主导逻辑的影响机理是什么。与此同时，装备制造作为制造行业及产业领域众多类属之一，其主导逻辑的共性特征是什么？对其他行业，特别是同处于新兴经济、新常态背景下的中国其他领域、类型的企业有何种启示？三个子研究的结论如下。

第一，通过扎根理论（grounded theory）分析发现，认知视角下影响中国装备制造企业主导逻辑的情境因素的三个结构维度分别是制度地位特征维度、市场结构特征维度和技术特征维度。其中，制度地位特征维度的影响主要表现在政企关系、政府干预力度及所有权性质三个方面。市场结构特征维度的影响主要表现在竞争结构、产品特征与属性及用户特征三个方面。技术特征维度的影响表现在技术后发性和技术复杂性两个方面。进而，我们按照该特征维度，将转型经济背景下的中国装备制造企业划分为八种类型，如高制度地位、高市场集中度、高复杂性技术企业，高制度地位、低市场集中度、高复杂性技术企业，以及低制度地位、低市场集中度、一般复杂性技术企业等。

　　第二，根据上述类型划分，通过探索性单案例研究，对其中三种类型企业的主导逻辑进行构念维度的归纳和分析。其一，选取三种类型的三家代表性企业作为案例样本，通过认知地图技术将三家企业高层管理团队的共享认知地图完整呈现；其二，对管理者认知地图中的关键要素——认知关注焦点进行归纳；其三，结合案例和认知地图所呈现的认知特点，对认知关注焦点之间的逻辑关系进行特征归纳和分析，进而得出各个企业主导逻辑的主要内涵和特征。经过严密的案例流程和理论分析，最终发现，上述三种情境下的中国装备制造企业具有不同类型的主导逻辑，分别是"技术归因"逻辑、"标杆追赶"逻辑及"差序差异"逻辑。

　　第三，通过对三个代表性企业进行探索性单案例研究，针对每个案例企业，分析特定因素如何影响其核心管理团队管理认知，进而对其主导逻辑的作用机理进行归纳。研究发现，转型经济背景下中国装备制造企业的主导逻辑是制度地位、市场集中度和技术复杂性三大情境因素综合影响和作用的结果，不同类型的主导逻辑是由装备制造企业所处制度地位、市场集中度和技术复杂性的不同情境特征所造成的。具体而言：①转型经济背景下中国装备制造企业的制度地位主要通过资源和市场管制（保护）两个方面对装备制造企业的主导逻辑进行作用和影响，而这种影响的作用机制主要通过直接影响主导逻辑的身份与目标认知，并间接性地影响核心发展方式和路径（routine）来对主导逻辑产生作用；②转型经济下中国装备制造企业的市场集中度主要通过决定企业发展的核心发展方式和基本路径对装备制造企业的主导逻辑进行作用和影响，而这种影响的作用机制主要通过直接影响企业能力关注焦点和能力发展方式来对主导逻辑产生作用；③转型经济下中国装备制造企业的技术复杂性主要通过决定企业参与市场竞争的战略战术和竞争方式对装备制造企业的主导逻辑进行作用和影响，而这种影响的作用机制是通过与制度地位、市场集中度的关联性作用综合影响企业战略行动的行为方式和特点来对主导逻辑产生作用的。进一步地，本书在上述研究的基础上对装备制造企业的主导逻辑共同规律，即本质特征进行了分析。

　　本书还讨论了上述研究在丰富主导逻辑理论和拓展战略管理研究视野方面的价值，并对转型经济下装备制造企业的管理者提出了管理建议。

目　录

第1章 绪 论

1.1 聚焦转型经济下的中国装备制造企业

作为制造业的龙头产业,装备制造业一直在国民经济中占有举足轻重的地位,因其具有较强的经济带动性和较高的产业关联性,对国民经济和产业发展有重要的战略意义。然而,中国的装备制造业在技术和市场两个层面都有着严重的劣势,尤其是技术方面,其现实状态是后发为主,企业发展一般采取技术追赶的路径。促进中国装备制造企业的发展,其根本在于提升企业的技术创新能力。虽然经过多年的努力发展,中国装备制造业已经取得了非常显著的成效,但技术创新能力的提升仍然是企业发展的核心困扰和关键问题。与此同时,中国装备制造企业面临的外部环境极为复杂,发展水平参差不齐,且新情境下本土管理实践富有特殊性,这引起了笔者的极大兴趣。

1.1.1 战略地位重要的中国装备制造业管理现象云集

1)装备制造业在我国具有重要的战略地位

装备制造业是一个国家综合竞争力的集中体现和产业升级的重要保障,对国家的经济发展起着基础性的作用[1, 2]。一国装备制造业的现代化程度及创新水平直接影响国民经济和综合国力,尤其是工业发展水平。以先进装备制造的典型——复杂产品系统(complex products and systems,CoPS)[3]为例,其具有技术密集性、高附加值和产业带动作用强等特点,是价值链的高端和产业链的核心,是国家基础性和支柱性产业,对于国家竞争力提升起着提纲挈领的作用。可以说,一国在装备制造业创新能力的强弱决定了该国整个制造业的生产效率,而产业结构的升级换代同样依靠其装备制造的技术创新能力[4]。

综合来讲,装备制造业在我国具有重要的战略地位主要体现在以下方面:①装备制造业是国民经济的支柱产业,同时也是可以带动经济快速增长的基础性产业。

②作为基础性产业，装备制造业与其他各行各业都有着一定的关联性，是吸纳劳动力的重要载体，对于我国这样的人口大国而言，装备制造业能够间接性地提供大量就业机会，是具有战略性意义的。③要实现集约型增长，决定性因素是技术得以进步，用先进的装备制造业来改造传统产业是实现产业结构改造、升级的根本路径和核心手段，我国经济增长正处于由粗放型向集约型转变的重要阶段，因此装备制造业的发展变得更有重要意义。④装备制造产品是一国各产业部门最高技术含量的象征，具有较高的附加值、高产业关联性及高出口效益，因此发展装备制造业是高新技术向现实生产力转化的重要途径。装备制造业是最具深度和影响力的产业部门，在我国国际竞争力中占据着重要的战略地位。⑤西方国家在对我国出口和运输高新技术装备机械、高精度机床等产品时，一直都是采取严厉禁止的策略，在此种现实背景下，能够通过自主创新拥有先进实力的装备制造业对我国的经济安全和国防安全有重要的保障意义。

2）中国装备制造业企业管理现象云集

装备制造业是一个国家的核心制造业，是国民经济发展的基础性产业，因为其产品往往是国民经济和建设所必需的关键设备和先进生产技术装备，因此一般具有较高技术含量。与发达国家相比，我国在该产业领域存在先天基础薄弱、技术水平与能力差距较大的问题，同时该产业也是目前中国企业发展历史最长、竞争最为激烈、矛盾最为突出的一个领域，又是目前中国经济和中国企业创新现象最为密集、战略意义最为重要的领域之一。这主要表现在两方面：

（1）我国装备制造领域存在极为明显的两极分化现象。我国装备制造业经过几十年的努力取得了长足的发展和巨大的成就，但从技术进步和产品升级角度来看，较西方仍具有很大差距。即便在国内企业间进行比较，装备制造业的产品与技术同样良莠不齐。一方面，大多数企业和领域在技术上仍依赖发达国家，处于全球价值链的低端，故步自封于经济附加值较低的终端产品加工层面，产业国际竞争力偏低[5]；另一方面，在某些领域，正有越来越多的企业不满足于墨守成规，而是通过自己在技术创新和商业模式上的努力，不断取得重大技术突破或商业奇迹，甚至已赶超西方领先企业，如航天航空、高速铁路机车、工程机械等。例如，中车大连机车车辆有限公司（以下简称大连机车）在消化吸收多家国外企业先进技术的基础上，通过自主集成创新所研制的具有完全自主知识产权的 9 600kW 大功率交流传动电力机车，达到世界先进水平；三一重工股份有限公司（以下简称三一重工）自主研制的 66 米泵车、72 米泵车、86 米泵车连续三次刷新长臂泵车世界纪录；我国自主推动的、我国有史以来建设规模最大的三峡工程成为世界上规模最大的水电站工程项目。

（2）我国装备制造企业的组织身份愈加多样化。我国重大技术装备制造产业历史较为久远，以国有企业为主；而近年来一些民营、外资等非国有类型企业纷纷开始进入该产业，这使得产业竞争业态越来越复杂、动态，制度地位、资源能力、战略行为类型日趋多样化。一方面，老牌国有企业在长期发展历史中形成并固化下来很多文化传统、惯例，加之其特有的一些影响因素，使其战略行为表现出一定独特性特征；另一方面，新进入的民营、外资企业带进许多新的理念、知识和竞争策略，加之转型经济背景下的一些特殊影响因素，其战略行为特征也必然会有不同于西方企业和传统管理理论的表现。

1.1.2　转型经济情境下的本土企业管理实践具有独特性

转型经济是指本来的计划经济体制开始致力于向市场经济机制转变或加强时所处的特殊转型阶段[6]。中国因从 1978 年开始经济体制改革，已成为当前世界上典型的转型经济国家之一。转型经济中的企业通常会面临较多的限制条件，如环境不确定性高、产权系统发展不够完善，以及政府的多重干预和管制；这些企业常常要同能力比自己强的发达国家企业在全球化市场上竞争，同时又要向它们学习和追赶；转型经济中的企业常常要同时在国内市场和国际市场上与不同实力水平的企业进行竞争。这些西方企业发展历程中所未曾经历的情境，使得本土企业管理实践具有其独特性。具体体现在以下几方面。

1）转型经济为本土企业塑造了新情境

改革开放以来，中国经济发展成就巨大，中国企业实现了不同程度的迅速成长。须知，中国企业是在一个极其复杂、动态、冲突和独特的外部环境下取得如此显著的追赶成就的。特别是进入 21 世纪以来，我国国内外环境发生了一系列重大变化，使本土企业面临的发展情境更趋复杂和独特。这些变化包括：①经济全球化和区域经济一体化成为全球经济发展的主流态势，并有加快趋势；②随着我国加入世界贸易组织（World Trade Organization，WTO）和国内市场化进程的日益推进，本土企业的竞争氛围和态势日趋紧张，本土企业正面临空前激烈的国内、国际双重竞争压力，买方市场成为主流，市场竞争呈现为多维化和动态化的特征；③国内经济正处于计划经济向市场经济革命性转变的关键时期，随着国家对经济体制、经济发展结构的改革和推进，经济学范式、经济发展模式和经济增长方式正发生深刻转变。

转型期制度背景的复杂性、社会人文环境的"迷茫"、自然环境恶化、资源匮乏与经济发展矛盾的凸显，将毫无准备的本土企业推向了"新常态"的风口浪尖，本土企业生存与发展的环境空前严峻，本土企业的战略管理实践对传统智慧提出严峻挑战，具有本土情境性的管理实践和经济现象不断涌现。

2）本土企业具有不同于西方企业的战略行为特征

随着新兴经济的快速发展，新的市场机会不断涌现，大量并不具有绝对资源和能力优势的中小企业，充分发挥自身某一相对优势，通过灵活、多样的资源拼凑方式和外部力量迅速抓住市场机遇。这就使得原本不具有核心资源能力优势的企业仍然能够在激烈的市场竞争中立足，而其所创造的崭新的资源整合和能力构建模式无疑挑战了西方传统管理理论。

除了资源能力整合方式的差异性，新兴市场庞大的"金字塔底层"（bottom of the pyramid，BOP）客户群体也使得企业必然采取不同于西方的市场定位目标和方式[7]，由此所催生的以"快速、低成本"为核心特征的"山寨化"（模仿式创新），更是因其兼具低成本和差异化优势而和西方管理理论和实践规律相悖。

即便在技术发展方式方面，一直"师夷长技"的本土后发追赶企业通过对外包与分包、模块化与信息技术的整合利用，对传统价值链进行重新解构和调整，以崭新的分工、合作、相互学习模式（网络化协作），不断创造出诸如仅通过单部件生产或简单组装也能够实现比较优势的奇迹。

以三一重工、振华港机、比亚迪等中国装备制造企业为例，尽管它们在核心技术、品牌、服务、运营管理等（即核心能力）方面并不具有突出优势，却纷纷创造出惊人的市场业绩，在国内国际市场频频战胜那些具有核心资源和能力的竞争对手并赢得市场和客户的认可。而即便是那些毫无独特资产与能力优势的本土中小企业，也同样可以在市场上立足并对强大的竞争对手形成威胁。

3）本土企业间战略行为同样存在巨大差异

对于同处新兴经济和转型经济背景下的本土企业，由于企业自身特征方面所存在的巨大差异（如制度地位、资源能力和管理传统等），其在战略行为、创新绩效等方面同样存在差异化甚至截然不同的特征。

基于促进经济发展和转型，保证转型期社会稳定的目的，中国各级政府在经济转型期的各个阶段，对不同类型（如所有制、行业、产业、技术、创新类属及战略重要性）的企业必然采取差别化的制度安排和要求。例如，国有企业可能更多地担负了社会稳定的使命，而非国有企业则可能更多地需要承担经济发展的责任，如此一来，国有企业和非国有企业便被赋予了截然不同的制度地位[8]。制度地位相同的企业，其战略行为往往具有比较明显的共性，而制度地位不同的企业，其战略行为则往往具有明显的差异性。现实中，人们常常看到，国有企业由于其在所有制方面的特定属性、与中央或地方政府的隶属关系、所处行业的非竞争性特征，在产业领域选择、市场定位、资源配置、创新模式等方面都具有不同于非国有企业的战略行为特征。

此外，即便是资源能力、制度地位相似的企业，在转型经济情境下竞合共生的本土企业，由于其在企业成长过程中采用不同的发展模式、路径，在自身成长和经济转型的不同阶段形成了各自独有的企业核心价值观、文化传统、惯例、管理模式等，其企业领导人、高层管理团队形成并持有不同的战略思维模式和管理智慧，仍然常常体现出差别化的战略行为特征。而由于认知模式所固有的惯性特性，这些战略思维方式与管理智慧将在很长时间内对企业行为轨迹发挥潜移默化的影响，从而使企业在战略行为方面的差异性是长期、根深蒂固的。

综上，以复杂产品系统为典型产出的装备制造企业在我国国民经济发展过程中具有无可取代的重要战略地位，而处在转型经济这一特殊的情境下中国装备制造业在内外部均呈现出独特的管理现象。因此，我们选择聚焦转型经济下的中国装备制造企业进行研究，期望研究成果能加深大家对该行业的认识，同时推动中国装备制造业的发展。

1.2　何为主导逻辑

1.2.1　主导逻辑的概念内涵

1970 年，美国哲学家 Kuhn 提出"范式"的概念来描述一种广义的模型、框架、思维方式等理解现实的体系[9]。借鉴这一思想，1986 年，Prahalad 和 Bettis 在研究多元化与组织绩效的关系时提出"主导逻辑"这一概念[10]，认为"主导逻辑的本质是一种认知模式，是管理者对所在行业的看法（世界观）、对业务的概念界定及相关关键资源配置决策方式的集合"，其基本假设是"组织的战略决策依据组织决策者的认知取向（cognitive orientation）而制定"，因而"主导逻辑作为一种认知结构，通过管理者的决策影响组织的绩效"。该文章随即获得了美国《战略管理杂志》最佳论文奖。Prahalad 和 Bettis 认为，主导逻辑是组织管理者共享的集体智慧，如一组图像或认知地图（cognitive map）储存于管理者的认知系统中，而其形成是基于组织管理者以往的经验。

继 Prahalad 和 Bettis 提出主导逻辑的概念后，国内外学者便将这一概念引入战略管理和组织理论的其他研究领域，并从不同角度对其内涵和外延进行了延伸性讨论。主要的观点大致可分为两种，一是基于认知的视角将主导逻辑视为"是什么"的认知内涵[11]；二是从知识和惯例的层面将主导逻辑诠释为"如何做"的惯例内涵[12]。持认知观点的学者主要关注主导逻辑作为一种管理认知、理念、心智模式所具有的信息过滤功能[13, 14]。一方面，他们将主导逻辑视为组织过滤环境信息的透镜（lens），主导逻辑为企业提供了发展框架，在此框架内理解市场、识别机会、设计战略、获取资源，从而引导企业创造价值，获得回报；另一方面，长期单一的主导逻辑也可能使组织过于依赖、禁锢于既定框架内，形成认知惯性[15]，从而屏蔽新信息、错失发展机会[11, 16]。实际上，从这个角度讲，主导逻辑与"思维模式"（mind-sets）、"认知地图"、"战略框架"（strategic frames）、"组织范式"

（organizational paradigm）、"战略逻辑"（strategic logic）等概念在内涵上有共通之处，都包含了组织如何理解环境信息并做出适应性调整的意味[17]。学者 Grant 认为，组织的主导逻辑还包含制定决策、实现目标的"管理技巧"，可以操作化为一系列具体的组织层面的功能[14]，主要包括资源配置、业务战略规划及绩效目标的管控等。在这个意义上，Grant 将主导逻辑视为组织的惯例或者管理技巧。Prahalad 和 Bettis 也提出，主导逻辑储存于组织管理者的认知图谱中，而外显为一种后天习得的，管理者处理复杂问题的行为方式。在更宽泛的意义上，主导逻辑既可以被看作一套惯例，也可以被看作一套管理流程。

借鉴 Gavetti 对于组织能力学习的认知，"组织能力演化，主要是基于行为惯例与管理认知两种学习方式进行，行为惯例是基于经验的向后看，而管理认知是基于推理的向前看"[12]，我们在研究过程中认为作为管理者集体智慧的主导逻辑也应该同时包含认知与惯例这两个层面。

1.2.2 主导逻辑——企业战略管理背后的本源问题

在战略管理和组织理论研究领域，组织成功和组织能力起源的根本问题一直困扰着研究者[18, 19]，已有的资源、能力、路径、模式抑或流程视角，都无法从根本上回答究竟是何种因素决定组织差异化和独特竞争优势的问题[20, 21]。在这种情形下，围绕企业决策与行为表象下的"本源"与"内在逻辑"问题，从企业领导者认知的主观视角，探求组织的基因，成为研究企业管理问题的一个新热点。而要从本质和源头上探究本土企业战略行为的规律，特别是从战略决策者的认知层面去考虑，主导逻辑无疑提供了一个合适的视角。

学者们认为，主导逻辑反映了企业发展的决策逻辑，是企业对于自身情境的基本假定，以及关于如何竞争和发展的认知图式。在这种内在假定的主导作用下（管理者可能并不自知），企业按照既定的模式和原则认知与理解企业面临的外部现象和内部问题，并据此做出决定企业发展方向等的重大决策，因而构成了组织独特竞争优势的来源，能够解释商业组织绩效差异的根本原因[10, 16]。这就使得"主导逻辑"可能会较"能力""资源""路径""模式"等对组织管理的现象及问题做出更为合理的解释。换言之，对企业主导逻辑的研究，能够为探讨转型经济情境下本土企业的战略、技术及管理创新等问题提供新的视角。

因为转型经济背景下中国的企业管理实践具有其独特性，并且装备制造企业的管理现象错综复杂，因此选用"能力""资源"等视角对中国装备制造企业的战略行为进行解读可能得出不一致甚至相悖的结论，这不利于从本质上打开中国装备制造企业战略决策的黑箱。而主导逻辑是企业认知结构的反应，虽然企业行为可能千变万化，但是行为背后遵循的准则可能具有某种一致性。因此，我们选择

"主导逻辑"作为研究核心对企业战略管理背后的本源问题进行深入探索,以期在基础层面得出一些有益的成果。

1.3 研究问题和研究策略

1.3.1 研究问题

基于以上背景和思考,中国企业在以转型经济为核心特征的独特中国情境中,表现出了不同于西方企业和传统管理理论的行为特征,探究这些特征背后形成和演变的规律和原因,是中国情境管理理论发展的必然要求,也是总结中国企业成功经验,并指导企业进一步管理实践的迫切要求,对于管理理论的发展和中国经济、中国企业的进一步腾飞有重要价值。而鉴于目前国内外对主导逻辑的研究尚处于初探阶段,本书研究的问题不仅要涉及某一独特情境下(如行业、产业领域、制度地位等)本土企业主导逻辑的内涵和外延,还要对影响本土企业主导逻辑的独特因素进行考察,以便能够确定不同情境下主导逻辑的类型划分和形成机理。具体而言,本书主要关注的问题包括以下几个。

1)中国装备制造企业主导逻辑的主要影响因素有哪些?

我们要探察中国企业战略行为特征背后的规律、逻辑,其间涉及共性和差异性的问题。所谓共性,是指我们要归纳本土企业在特定情境中行为决策的认知共性。需要指出的是,基于"情境差异→管理认知→战略行为"的基本理论假设,以及主导逻辑研究处于初步阶段,概念内涵、类属划分尚不明确的状况,必须先对影响企业主导逻辑差异的情境因素进行识别,以便划分不同的企业类型,识别不同类型的主导逻辑,进而探究情境因素与主导逻辑的深度关系与机理问题。这就要求在研究之初关注"情境的差异性",我们关注的第一个研究问题就是要抓住这种差异性,将影响主导逻辑类型的因素归纳出来。

从理论视角来看,学界普遍意识到,在经济形态不同的国家、不同的组织情境下,人们的行为反应、企业能力与组织结构等存在着显著的差异[22]。在全球化商业活动和国际市场上越来越举足轻重的中国企业,比以往任何时候、任何国家都渴望得到适合本土情境管理实践的知识的指导,这显然是因为,中国独特的情境因素不仅造成中国企业在关键战略要素上不同于西方企业,在其他诸多管理实践方面也有别于西方企业[23]。在这样的背景下,中国企业战略管理理论的研究越来越"情境敏感",形成了对中西方企业所处情境差异性的共识,对情境特征的归纳、整合情境特征与企业特征对战略行为影响的交互作用,已成为研究发展的趋势[24]。战略决策和行动的实施是企业管理者对于所处环境信息的认知处理过程的结果。换言之，情境是影响管理者认知的重要因素。那么，转型情境中的装备制造企业管理者在认知过程中主要会考虑哪些情境维度？这些维度会不会成为不同主导逻辑类型的区分依据，即形成不同主导逻辑的情境影响维度？基于这一问题，要研究转型经济背景下中国装备制造企业的主导逻辑，必须先考虑情境影响因素这个重要问题。

从整体的逻辑框架来看，对影响中国装备制造企业主导逻辑的情境因素进行归纳和分析，是确定主导逻辑核心类属划分标准的前提也是后续研究的基础，同时也为整个研究奠定关键基础。

2）中国装备制造企业的主导逻辑有哪些类型？

根据管理认知研究的最新进展，以个人因果逻辑为基础的认知模式实际上是一种共享心智模式，而这种共享不仅存在于同一组织内（主导逻辑本身就是组织高层管理团队的共享心智模式），如"主导逻辑"和"组织认同"[25]，同样也存在于组织间，如"行业逻辑"[26]、"制度逻辑"[27, 28]、"场域"[29]等概念。也就是说，处于相同情境中的企业，之所以呈现出某些相似的行为特征，正是因为其相似的共享认知模式。情境是管理认知的重要影响因素，主导逻辑作为一种基础性的共享认知模式，是管理者认知长期沉淀的结晶。鉴于此，我们有理由提出这样一个命题：不同情境维度下，管理者会形成内涵差异显著的主导逻辑类型，这种不同内涵属性的主导逻辑可能是中西方企业之间、本土企业之间战略行为差异背后的本源或深层规律。因此，探究本土企业在转型经济的不同情境维度下，主导逻辑类型的内涵、特征，就成为我们关注的重点。

主导逻辑作为一种共享认知模式，因情境而共享又因情境而差异。因此，要了解和深入理解主导逻辑，必须对主导逻辑的类型有清晰的认知。涉及的主要问题是，中国装备制造企业的主导逻辑大致有几种类型，每种类型的主导逻辑的概念构成维度如何，每个构成维度的内涵、属性、特征是什么。

3）情境因素是如何作用于中国装备制造企业主导逻辑的？

通过对上面两个问题的研究，我们能够基本回答中国装备制造企业主导逻辑是什么的问题，通过对主导逻辑类型的细化，我们抓住了行业内部战略行为轨迹和行为模式的差异性，并且归纳出影响中国装备制造企业主导逻辑差异的因素。然而，情境影响因素与主导逻辑之间的关系密切，这种关系不仅是区分不同主导逻辑类型的重要标准和依据，同时也是理解转型经济下本土企业主导逻辑为什么这样的关键。从研究目的上看，主导逻辑研究的最终目的是能够更好地理解本土企业的战略行为模式，摸清中国企业战略行为的本源和行为轨迹、行动规律，从而为企业审视自身逻辑、塑造或转变创新基因，为政府制定和调整经济政策提供理论依据和实践指导。因此，我们关注的第三个问题是中国转型经济情境同装备制造企业主导逻辑之间的互动机理，即前述影响因素对主导逻辑的作用机理。探究主导逻辑与情境影响因素间的作用机理,实际上就是打开主导逻辑生成和演化的"黑箱",对于理解前述问题具有重要的意义。

在此基础上,装备制造作为制造行业及产业领域众多类属之一,其主导逻辑的共性特征是什么?对其他行业,特别是同处于转型经济、新常态背景下的中国其他领域和类型的企业有何种启示?为了回答这些问题,我们将在前面细分研究的基础上,总结归纳中国装备制造企业主导逻辑的总体特征与共同规律,从情境化研究中得出更具普适性的理论,为研究中国转型经济背景下其他子情境中企业主导逻辑、战略行为特征与规律提供借鉴。

总体来说,我们以中国装备制造企业在转型经济情境下的主导逻辑作为研究对象,遵循下述研究逻辑选取三个研究问题:首先考虑影响主导逻辑的情境因素,因为情境是影响管理者认知的重要因素,那么研究转型经济背景下中国装备制造企业的主导逻辑,必须先考虑情境影响因素这个重要问题。其次,基于不同情境可能形成内涵差异显著的主导逻辑类型这一假设,探究中国装备制造企业在转型经济的不同情境维度下,主导逻辑类型的内涵、特征,这是理解中国装备制造企业主导逻辑的关键。最后,本着打开主导逻辑生成和演化"黑箱"的目的,探究主导逻辑与情境影响因素的作用机理,这样可以更好地理解本土企业的战略行为模式,摸清中国企业战略行为的本源、行为轨迹、行动规律。

1.3.2 研究策略

我们在研究上述问题时,以案例研究为主要研究方法,归纳和分析中国装备制造企业主导逻辑的概念内涵、影响因素及其作用机理,数据分析过程中主要采用扎根理论、认知地图、图表分析等工具和技术,在保证高的研究信度与效度的同时,尽量提高可读性。具体采用的研究方法和工具包括以下几种。

1)案例研究方法

案例研究方法作为一种已经较为系统的研究方法,因其在减少研究者思想和理论束缚,适合于全新研究领域中构建新理论框架等方面的优势[30],已经成为社会科学研究领域的一种被广泛采用和重视的研究方法。Yin 提出,对于"为什么"及"怎么样"问题的解答,案例研究方法更为合适[31]。

本书在整体上采用探索性案例研究方法,其中,在对第一个问题的研究中采用了单案例研究方法和扎根理论,在对第二个问题的研究中采用了在单案例研究中嵌入扎根理论和认知地图技术的方法,在对第三个问题的研究中采用了单案例研究和多案例对比分析方法。之所以选择探索性案例研究方法作为转型经济背景下中国装备制造企业的主导逻辑研究的核心研究方法,主要是基于以下方面考虑。

第一,本书旨在解释和充分展示中国装备制造企业战略行为差异背后的管理认知的定性差异，即企业主导逻辑内涵属性的定性差异。之所以不采用验证变量间线性关系的定量方法，是考虑到企业高层管理者的管理认知形成及演变实际上呈现非线性特征[32]，因此采用更具包容性和多元化的研究视角和方法较为适宜，特别是应该采用较为定性的研究，以便能够更好地理解目前仍未被揭示的方面和问题。通常，案例研究等定性研究所提供的经验数据能够更好地推动人们挑战传统思维，特别有助于从过程视角考察企业的主导逻辑而不是仅仅作为变量审视。此外，案例研究等定性研究也有助于将转型经济背景及其他影响主导逻辑形成与演变的重要因素纳入考虑。

第二，考虑主导逻辑构念本身的特征，案例研究方法更为合适。主导逻辑构念尚未完全成熟，相关领域许多研究问题，特别是本书选取的理论研究命题尚属空白，从一个较为狭窄的群体中归纳和构建理论是目前该理论领域研究的关键。遵照"定性研究方法适合理论构建目的"的原则[30]，在研究过程中采用案例研究方法。与此同时，主导逻辑是一个组织认知（managerial and organizational cognition，MOC）长期试错、修正、强化、积淀的心理活动和知识学习过程[10]，这种动态性特征也决定了纵向研究案例的可行性。

第三，鉴于本书的主题为中国情境化管理理论研究，案例研究方法较为合适。研究定位于转型经济背景下的中国装备制造行业，旨在提供一个对转型经济的独特洞见，符合 Tsui 所提出的情境嵌入式（context embedded）研究。按照 Tsui 的建议，应采用归纳式或扎根理论来研究[33, 34]，从而尽可能地采用本地语言、主题和本土化的构念，立足本土现象，在本土社会文化情境中解释特定现象和发展相关理论，以做出高质量的本土研究。鉴于此，我们采用案例研究方法。

2）认知地图技术

"认知地图"这个概念源自心理学和社会学领域，最早由 Tolman 在研究人类的刺激反应模型时提出[35]，是指"个体用于理解环境的构念与构念之间关系的内部心理表征"，认知地图技术就是用于描绘、呈现这种综合表征的技术。后来 Axelrod 成功地将认知地图技术运用到个人和群体的决策研究中[36]，管理学界也开始逐渐使用这一方法，近来被广泛运用于决策分析和战略管理领域[37, 38]。

认知地图技术本质上是一种质性的研究方法[39]，它侧重于对管理者的认知结构做出描述而不是解释[40]，从而为研究者研究管理者行为背后的推理过程提供丰富、详细的认知基础。认知地图技术通过将特定主体放在一个特定背景下，将关于特定事物的一系列代表性言论以图形的形式呈现，提供一个关于主体全盘观点的图像，在不丢失细节的同时，通过归纳式分析来提取和阐明所涌现出来的问题，锁定主体与其所面对的信息环境的关系，从而有效地抓住主体的认知图像特征，并且挖掘出其他工具很难挖掘出的思想[41]。

考虑到研究主题"主导逻辑"属于组织的管理认知和战略思维范畴，需要详细分析组织决策层的认知特点和决策逻辑，本书在主导逻辑构成维度归纳和概念内涵解析时部分使用了认知地图技术。

作为一种管理认知分析方法，认知地图的功能和应用主要体现在以下几个方面[37, 38]：①将主体的认知进行分类，以评估主体对概念的注意、联想及评价；②能够揭示研究主体的思维逻辑特征，窥探主体的认知元素及思想脉络，揭示出不同的认知类别；③可以把握主体的认知动态变化过程和思维发展轨迹；④有意义地表征主体的知识，聚焦和把握主体思维脉络中的核心思想和核心理念。

我们在采用认知地图技术的操作过程中包括以下一些环节[37, 41]：①通过深度访谈等方式获得用于认知地图分析的素材；②将原始资料进行编码和概念化等处理，转换成变量，并确立变量之间的逻辑关系；③通过箭头等形式将变量和变量之间的关系呈现在一张地图上。进而，对认知地图所描绘的特性、内容、核心概念、逻辑关系等进行分析。

3）扎根理论

扎根理论是一种从经验资料中建构理论的定性研究理论。研究者通常不持有任何理论假设，完全基于现实观察，在原始资料的基础上进行现象归纳和概念抽象，进而不断总结并形成理论。因而，扎根理论是一种自下而上的实质理论构建方法。扎根理论特别适用于在现实经验中抽象出新的概念和思想，主要途径是在现实资料中，抽象出反映现象本质的核心概念，并通过寻找概念之间的逻辑联系来建立社会理论。

鉴于我们所研究主题——主导逻辑及其影响因素尚处于探索性的研究阶段，相关理论研究也处于初级阶段，研究主题涉及的管理者认知现象、概念，特别是认知逻辑尚不明确，加之主导逻辑概念的抽象性，研究实地收集的大量资料需要经过归纳提炼和转化，我们并没有直接采用实证研究、实验法等适用于成熟理论下的研究方法，而是针对研究资料主题和分析目的的不同，采用具有概念与理论建构优势的扎根理论。

在具体应用过程中，扎根理论主要用于研究第一个问题，即对装备制造企业主导逻辑影响因素进行归纳；在对主导逻辑类型进行识别时，采用扎根理论的归纳思想和手段对管理者认知关注焦点进行抽象和归纳。

综上，我们主要采用案例研究方法，在案例描述之后有选择地综合使用了认知地图技术、扎根理论等方法，对案例呈现的企业认知关注焦点进行概念化捕捉，并在此基础上通过扎根理论，将认知地图所反映的概念之间的逻辑关系进行归纳，挖掘概念之间内含的因果逻辑，并进一步地总结核心范畴，从而最终构建理论。具体来讲，为了更形象地刻画管理团队共享的思维逻辑及其认知特点，我们借鉴和采纳了管理认知领域中逐渐得到发展并被广泛采用，在隐性和复杂知识显性化方面具有优势的"认知地图"分析方法[38]，通过认知地图捕捉装备制造企业管理者的认知焦点、战略逻辑和认知过程。另外，为了更为准确地归纳和提炼管理者的认知核心范畴，并基于核心范畴进行理论建构，在认知地图分析的基础上，我们还采用了具有概念与理论建构优势的"扎根理论"研究，进一步对现象进行归纳和概念提炼[20, 42]。同时，为了更为直观和便于读者理解，我们对使用上述两种方法进行分析的过程进行了图形化和模型化处理[43]。

基于以上方法和工具，本书构建了三个子研究分别对我们关注的三个研究问题进行探讨（图1.1）。首先在整体上，本书采用探索性单案例研究方法，这是考虑到企业高层管理者的管理认知形成及演变实际上呈现非线性特征，因此采用更具包容性和多元化的研究视角和方法较为适宜，特别是应该采用较为定性的研究，以便能够更好地理解目前仍未被揭示的方面和问题。其次在子研究一中，主要运用扎根理论进行探索性单案例研究，该研究旨在辨识、归纳和分析中国装备制造企业主导逻辑的影响因素，厘清中国装备制造企业高层管理团队共享管理认知所具有的独特情境因素，理解转型经济背景下中国装备制造企业独特战略行为特征、发展轨迹形成的深层原因；在子研究二中，通过对几类代表性企业分别进行探索性单案例研究，综合运用扎根理论和认知地图技术，归纳高层管理团队共享心智模式的关键构成要素（关注焦点），进一步地对其认知地图进行分析，即通过分析认知关注焦点之间的因果逻辑关系及其特征规律，归纳出各类企业主导逻辑的内涵与属性；在子研究三中，基于前两个研究，回归样本企业的案例情境，通过三个案例的对比分析，对中国装备制造企业主导逻辑与其情境影响因素之间的作用机理进行归纳和分析，得出相应的结论和模型。最后，结合已有研究和理论回顾，将研究所发现的中国装备制造企业的主导逻辑与战略管理理论进行对话和理论迭代，得出较为普适化的理论知识。

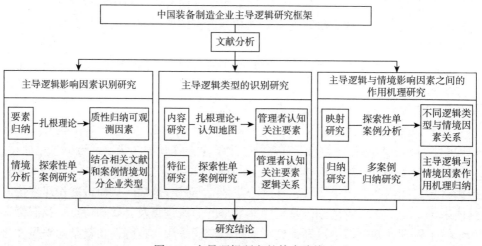

图 1.1　主导逻辑研究的技术路线

1.4 研究中国装备制造企业主导逻辑的现实需求和理论意义

1.4.1 现实需求

主导逻辑反映了企业发展的决策逻辑，是企业对于自身情境的基本假定，以及关于如何竞争和发展的认知图式。对主导逻辑进行类型划分、对其概念内涵进行归纳，并进一步分析影响主导逻辑的情境因素及其作用机理，一方面能够帮助企业审视自身战略行动和决策背后的认知逻辑，对自身创新和发展的基因有清晰的认知；另一方面，对于国家（经济、技术、创新等方面）政策的制定、行业指导和监管，以及国有企业改革等也都具有有益的启示。具体体现为以下两个方面。

1）主导逻辑是企业知己知彼的一个好工具

组织或企业的战略行为是对其所面临的具体情境及其变化的反应，企业的生存和发展成功与否，取决于其因战略或行为的环境适应性，即所谓的"知己知彼"。因此，企业要对自身和竞争者的战略的惯性和规律有清晰的了解，但现实情况却往往差强人意，比如，现实中本土企业往往习惯于通过"外协"方式（如依赖管理咨询机构）为自己制定自身发展的战略，由于缺乏对于企业所持战略和发展基因的清晰认知，第三方制定的战略规划往往"水土不服"或"计划没有变化快"，最终只能成为华丽而不实用的"规划"，从而被束之高阁。根据主导逻辑理论，组织自身发展战略的制定，实际上受一套一贯且一致的思维模式主导。而当组织或企业在面临特定的情境或变化时，其因势利主导所做出的行为反应实际上也是主导逻辑对具体情境的反应。因此，企业要了解自己，了解组织自身的发展、创新等基因，就必须对自身主导逻辑有清晰的认知。换言之，主导逻辑为企业了解自己、了解对手提供了一个更为本质的视角和工具。

2）主导逻辑为创新政策的制定提供参考依据

中国经济和中国本土企业改革开放以来取得的巨大成就，离不开中国政府所发挥的直接或间接作用[44]。可以说，本土企业的创新和发展充满国家意志的渗透和主导，是一种"意志推动型"的发展模式，尤其体现在关系国民经济命脉的装备制造、通信、能源、交通等领域[45~47]。然而，随着经济全球化和企业市场化的深度发展，企业战略考量因素和行为模式越来越复杂，国家意志推动型的模式表现越来越乏力（尤其在自主创新和经济转型方面）[45]，一个重要原因是对于经济行为主体——企业自身发展的内在逻辑的认知缺失，即企业未能考虑自身和经济发展的现实情境及客观规律。有效的经济干预和政策制定必须建立在对于企业"刺激→反应"模式的深入理解和把握的基础之上，而主导逻辑作为企业行为决策背后一贯且一致的规律和本质，无疑能够为政府"把好脉、开好药"提供有效的参考依据。

本书的研究不仅表明了主导逻辑是企业审视自身成长与创新基因的一种理论工具，能够为企业思考和制定战略提供有效的途径和操作工具，还提供了具体进行主导逻辑分析的方法和步骤，为主导逻辑使用的操作化进行了一次初步演示。

1.4.2　理论意义

1.3 节提到了现有主导逻辑相关研究中存在的局限性，本书致力于转型经济情境下中国装备制造企业主导逻辑内涵与机理的研究，从三个方面对现有理论进行丰富和拓展尝试。

1）试图丰富和拓展主导逻辑理论的内涵和外延

尽管主导逻辑概念的提出已有三十余年，主导逻辑的理论内涵和应用也在推进，但就目前的研究看，主导逻辑的概念维度、主导逻辑与外部情境之间的内在关系、主导逻辑的生成和作用机理，还有待于进行深入研究和拓展。尤其是对于新兴经济、转型经济等新情境下的主导逻辑理论研究，似乎仍是一片未开垦的处女地。下面是对转型经济背景下中国装备制造企业主导逻辑内涵的一次探索性研究，回答主导逻辑"是什么"的问题。

首先，通过对影响主导逻辑的情境因素进行归纳和分析，发现转型经济情境下中国装备制造企业的主导逻辑可以划分为三种类型，即"技术归因"逻辑、"标杆追赶"逻辑和"差序差异"逻辑，并指出主导逻辑划分的主要依据。这无疑是一次对于主导逻辑理论的情境化尝试，不仅呼应了 Tsui 等学者对于管理研究情境化和构建适用于中国企业的管理理论的倡议[34]，也是对主导逻辑的提出者普拉哈拉德对于"主导逻辑"概念的具象化、操作化倡导的响应[16]。

其次，我们通过认知地图技术和扎根理论对上述三种类型主导逻辑的构成维度进行归纳，总结出三种不同类型主导逻辑的概念内涵和特征，回答普拉哈拉德所说的关于"主导逻辑"概念的具象化、操作化研究不足的问题。如普拉哈拉德所说，"主导逻辑"概念具象化、操作化研究不足，是由研究方法和资料获取上的一系列困难造成的，我们通过综合利用多种质性研究方法，参考管理认知理论研究的诸多有益结论和成果，为后续研究在其他情境中探讨主导逻辑的问题提供有益的借鉴和参考。

最后，大量已有研究表明，主导逻辑的形成和作用离不开它所赖以存在的情境[10, 16]。然而，对于主导逻辑与情境因素之间的内在关系究竟是怎样的，学界却缺乏深入细致的研究和了解。本书首先归纳影响装备制造企业主导逻辑的情境因素，其次在归纳出主导逻辑概念内涵的基础上，将情境影响因素与主导逻辑内涵的作用机理进行深入分析，最后得出理论成果。

上述三个方面的研究无疑能够拓展主导逻辑的理论研究，丰富主导逻辑的概念内涵，同时对于在具体情境下的主导逻辑研究也是对主导逻辑理论外延的深化拓展。

2）试图从认知视角解释本土企业战略行为差异性的规律和本质，并拓展战略管理研究的视野

我们基于战略管理理论研究领域关于中西方管理理论存在情境化差异，以及转型经济下中西方企业在战略行为方面存在差异性的基本假设，从认知视角，利用主导逻辑这一概念，对转型经济下中国装备制造企业的战略行为表象的本质规律和内在逻辑进行探索性的归纳。

首先，现有研究对于新兴经济、转型经济下的本土企业战略行为具有差异性特征（包括中西方企业之间和本土企业之间）已基本形成共识。这些研究大都基于在行为表象之间进行比较，其目的是要通过总结行为的特征和规律来抓住现象的本质，然而却常常事与愿违、力不从心。一方面，这是因为转型经济的重要特征之一就是环境的复杂性和动态性，而战略作为企业对环境变化的因应行动[48]，本身就是一种过程[49]，因此基于行动特征规律的研究（如动态竞争理论）往往并不一定能够奏效。另一方面，认知理论作为一种研究视角已经被引入管理理论的研究，并因其在分析和归纳管理者决策逻辑、领导风格方面的优势而越来越得到研究者的青睐。也就是说，认知视角对于抓住组织行为和战略行动背后的本质和规律，解释企业绩效差异的本源性问题，更可能事半功倍。而主导逻辑作为一种更为本质和基础的管理者认知，自然对于解释转型经济下中西方企业在战略行为方面的差异性这一问题具有重要的价值和意义。

其次，基于上面所说的理由，本书对转型经济下中国装备制造企业主导逻辑的类型划分、概念内涵和特征的归纳、生成机理的分析，实质上是从管理者认知的层面解释了中国装备制造企业战略模式的不同类型。而且，作为战略行为背后的逻辑，由于其所具有的一贯性、持久性、认知惯性[15, 16]的属性特征，三种不同类型主导逻辑的内涵实际上是战略行动演变背后不变的本质。因此，抓住了这些主导逻辑，实际上就掌握了本土企业眼花缭乱的战略花样背后的认知和决策规律。我们在对大连机车的研究过程中，特别加入了对企业纵向发展主线和演变轨迹的考虑，并证实了上述理论观点；在对三一重工的案例研究中，我们还发现实际上主导逻辑在企业创业之初的领导者认知模式中就先天性地存在，而战略行动实际有可能是主导逻辑的情境化。

最后，本书对转型经济下中国装备制造企业主导逻辑的类型划分、概念内涵和特征的归纳、生成机理的分析，较为系统、全面地考虑了本土企业战略行为差异的特征、产生原因和生成机理，这对于从"情境→认知→行动"的系统性角度

掌握本土企业战略行为差异性具有帮助，因而也是对战略管理理论拓展的一次有益探索。

3）试图对中国装备制造和主导逻辑理论进行一次深度情境化尝试

本书除了关注主导逻辑本身，还探讨了转型经济背景下，不同的情境因素（包括制度地位特征因素、市场结构特征因素和行业技术特征因素）对中国装备制造企业主导逻辑的影响情况，符合 Tsui 所定义的情境特定式（context specific）研究[34]，以及 Cheng 所提出的情境嵌入式研究[50]。具体而言，本书基于中国装备制造企业的单案例研究，归纳得出转型经济背景下影响中国装备制造企业主导逻辑的情境因素，并以此为基础划分和归纳出装备制造企业主导逻辑的三种类型及其概念构成维度，这种情境化研究的方式正是 Tsui 所指出的特定情境研究中的"在测度等方式中进行情境化"。此外，在我们所关注的情境影响因素中，制度地位的差异性是转型经济所特有的情境条件；而技术后发性是转型经济企业所特有的情境条件，也是中国装备制造企业所普遍存在的一个问题，其对于转型经济背景下的中国装备制造企业的重要性要远高于西方经济和企业。就这一点来讲，我们的研究符合 Tsui 所指出的另一种情境化研究方式——在情境化研究中加入情境化的环境变量。从这个意义上来说，本书丰富和拓展了主导逻辑和战略管理领域的理论研究，这也是对中国管理理论情境化研究的初步尝试。

1.5　主要内容与创新

1.5.1　内容安排

基于对现实现象的观察与提炼，结合相关管理理论研究的前沿情况，本书拟对中国装备制造企业主导逻辑的影响因素、主导逻辑的类型及内涵特征、主导逻辑与情境因素的作用机理进行归纳和分析。首先，基于探索性单案例研究方法和扎根理论，从管理认知关注的视角识别和归纳转型经济影响装备制造企业主导逻辑的关键因素，并以此划分可能的装备制造企业主导逻辑类型。其次，本书在外部情境划分的基础上，找出几家代表性企业，采用单案例研究方法、认知地图技术与扎根理论对这些企业进行高层管理者管理认知分析，识别不同装备制造企业主导逻辑类型并归纳其概念内涵与特征。再次，我们通过三个单案例分析，对中国装备制造企业主导逻辑与其情境因素的互动机理进行分析。最后，对中国装备制造企业主导逻辑的共性特征进行更为本质的归纳和理论迭代，以得出较为普适化的理论知识。具体内容安排如下：

1）第 1 章：绪论

绪论部分主要阐述研究焦点及研究背景，对为什么聚焦转型经济下的中国装备制造企业，以及何为主导逻辑进行阐述，使读者对笔者的兴趣起点有所了解，并进一步界定我们的研究问题，以及对应的研究策略。在此基础上，从现实需求和理论意义两方面对我们所选主题的研究意义进行表述，并指明各章节内容安排和创新之处。

2）第 2 章：理论基础和研究视角

主要从两种战略管理理论思想、转型经济下的企业战略管理研究、装备制造业行业概述及技术特征、认知视角下的企业战略管理研究和情境的视角看本土管理五个角度对相关现状进行综述和分析。首先，沿着战略逻辑内涵的演变这一主线，对战略管理理论历史演变过程中的几种战略理论思潮，以及转型经济下中国本土企业战略行为、聚焦的装备制造行业的技术特征等研究现状进行梳理和评述，从而为我们审视中国装备制造企业的战略行为及其所处的情境提供理论基础。其次，对管理认知理论进行概述，进而引出对主导逻辑理论研究现状的介绍和评述。最后，对开展情境化研究的理论基础及策略进行说明。

3）第 3 章：装备制造企业主导逻辑的影响因素研究

该章主要解决"影响中国装备制造企业主导逻辑的主要因素有哪些"这个问题，在第 2 章文献回顾的基础上，以管理认知为视角识别和归纳装备制造企业主导逻辑的关键影响因素。换言之，就是要析出装备制造企业在核心业务经营和战略管理过程中的管理认知主要关注哪些外部情境因素。首先，基于探索性单案例研究方法，选取一个典型的装备制造企业——大连机车作为研究样本。其次，通过多种途径和方式收集数据，基于相关理论文献，采用扎根理论对收集到的数据进行分析，归纳出管理者认知中对外部情境的核心关注要素，即主导逻辑的影响因素。

4）第 4 章：装备制造企业主导逻辑类型识别

该章主要解决"装备制造企业主导逻辑是什么"这个问题。主要研究思路：以第 3 章所得出的装备制造企业外部情境特征维度为基础，通过排列组合，划分不同的企业类型，针对每种类型选取代表性企业。对这些代表性企业进行探索性单案例研究，针对每个案例企业，利用认知地图、扎根理论和图表技术等方法，分析其核心管理团队管理认知的主要构成要素，进而结合认知地图特征和案例情境，对其因果逻辑进行归纳；在此基础上，剖析每种类型企业的主导逻辑内涵和特征，进而归纳出转型经济下中国装备制造企业主导逻辑的类型及其内涵、特征。

5）第 5 章：装备制造企业主导逻辑形成机理研究

该章围绕着"中国装备制造企业主导逻辑为什么是这样"的问题展开讨论，即子研究一所归纳的影响因素是如何影响中国装备制造企业的主导逻辑的。主要研究思路：对三个代表性企业进行探索性单案例研究，针对每个案例企业，分析特定因素如何影响其核心管理团队管理认知，进而对这些情境因素与主导逻辑的作用机理进行归纳并构建模型。对中国装备制造企业主导逻辑的共性特征进行更为本质的归纳和理论迭代，以得出较为普适化的理论知识。

　　6）第 6 章：结论与展望

　　总结归纳本书所进行的整个研究，对研究存在的局限性进行探讨，指出今后将要进一步深入的研究方向和问题。同时，对上述研究在丰富主导逻辑理论和拓展战略管理研究视野方面的价值进行讨论，并对转型经济下的中国装备制造企业管理者提出管理建议。

　　总体结构安排如图 1.2 所示。

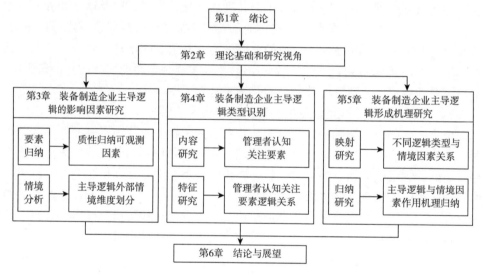

图 1.2　总体结构安排

1.5.2　主要创新之处

我们从认知视角研究转型经济背景下中国装备制造企业的战略规律，在明确转型经济情境对中国装备制造企业管理者认知影响因素的基础上，明确提出了转型经济情境下中国装备制造企业具有三种类型的主导逻辑，并对情境因素与主导逻辑内涵的作用机理过程进行了分析和揭示。具体所做创新性工作如下：

　　（1）从认知视角识别出中国装备制造企业管理者认知的情境特征维度，主要包含制度地位特征、市场结构特征和技术特征三大维度。

　　具体研究内容包括：①对大连机车进行探索性单案例研究，运用扎根理论对转型经济背景下影响装备制造企业高层管理团队主导逻辑的情境因素维度进行抽象和归纳；②识别出装备制造企业主导逻辑影响因素的三个结构维度，即制度地位特征维度、市场结构特征维度和技术特征维度；③对每一特征维度的具体概念内涵进行解析，为后面建立装备制造企业主导逻辑影响因素情境作用机理提供理论基础。

（2）通过对三个代表性企业的探索性单案例分析，识别出中国装备制造行业存在三种不同的企业主导逻辑类型，分别是"技术归因"型主导逻辑、"标杆追赶"型主导逻辑及"差序差异"型主导逻辑。

具体研究内容包括：①运用探索性单案例研究方法识别出高制度地位、高市场集中度、高技术复杂性装备制造企业具有"技术归因"型主导逻辑，即以组织身份、外部任务驱动、关键任务、任务保障为认知关注焦点，其主导逻辑的内涵在于基于外部驱动、任务聚焦和技术导向；②运用探索性单案例研究方法识别出高制度地位、低市场集中度、高技术复杂性装备制造企业具有"标杆追赶"型主导逻辑，即共享管理认知模式以价值构成要素、竞争者能力、战略追赶为认知关注焦点，其主导逻辑的内涵在于基于行业价值规律、聚焦核心能力及标杆追赶；③运用探索性单案例研究方法识别出低制度地位、低市场集中度、高技术复杂性的装备制造企业具有"差序差异"型主导逻辑，即共享管理认知模式以本土市场独特性、自身资源禀赋与能力、竞争者为认知关注焦点，其主导逻辑的内涵在于基于竞争博弈、聚焦资源禀赋的比较优势构建、差序式的战略差异化行为。

（3）初步揭示中国装备制造企业主导逻辑与外部情境的作用机理，即主导逻辑是制度地位、市场集中度和技术复杂度三大情境因素综合影响和作用的结果，不同类型的主导逻辑是装备制造企业所处制度地位、市场集中度和技术复杂性的不同情境特征所造成的。

具体研究内容包括：①通过三个单案例研究发现，转型经济下中国装备制造企业的制度地位主要通过资源和市场管制与保护两个方面对装备制造企业的主导逻辑进行作用和影响，而这种影响的作用机制主要通过直接影响主导逻辑的身份与目标认知，并间接性地影响核心发展方式和路径来对主导逻辑产生作用；②通过三个单案例研究发现，转型经济下中国装备制造企业的市场集中度主要通过决定企业发展的核心发展方式和基本路径对装备制造企业的主导逻辑进行作用和影响，而这种影响的作用机制主要通过直接影响企业能力关注焦点和能力发展方式来对主导逻辑产生作用；③通过三个单案例研究发现，转型经济下中国装备制造企业的技术复杂性主要通过决定企业参与市场竞争的战略战术和竞争方式对装备制造企业的主导逻辑进行作用和影响，而这种影响的作用机制通过与制度地位、市场集中度的关联性作用综合影响企业战略行动的行为方式和特点来对主导逻辑产生作用。

第 2 章　理论基础和研究视角

本章从两种战略管理理论思想、转型经济下的企业战略理论研究、装备制造业行业概述及技术特征、认知视角下的企业战略管理研究、情境的视角看本土管理五个角度对本书开展研究的理论基础进行回顾并对所选取的视角进行阐述。首先，沿着战略逻辑内涵的演变这一主线，对战略管理理论历史演变过程中的两种战略理论思潮进行回顾，为下文凝练企业的主导逻辑提供理论基础。其次，对转型经济下中国本土企业战略行为的研究现状进行梳理和评述，并对装备制造业行业的特征尤其是技术特征进行综述，这是本书研究本土管理的理论背景，也是本书归纳情境因素的理论支撑。再次，选取战略管理研究中的认知视角，从对管理认知理论的概述分析引出认知视角下对企业战略行为差异性的解读，进而聚焦我们的研究对象——主导逻辑，综述学界对主导逻辑和企业战略与组织绩效的现有研究及局限。最后，对本书选择情境的视角研究本土管理现象的原因和研究基础进行阐述。

2.1　两种战略管理理论思想

"战略"来自于希腊文"strategos"，原是军事术语，本义是"将军"，延伸含义指指挥军队的艺术和科学。在我国源远流长的兵法中，战略的本义指将帅的智谋，即对战争全局的谋划和指导。20 世纪 30 年代以来，管理理论研究者们将战略的思想和理论引入企业管理中，企业的战略管理就是企业确定其使命，综合考量企业的内外部环境，并在此基础上进行战略目标的设定，依靠组织的能力对目标的实现进行规划，并在规划和决策的过程中即时控制的动态管理过程。自1938 年切斯特·巴纳德首次将战略的概念引入管理理论，企业战略管理的思想随着企业管理理论的发展而逐渐形成和演变，各种思潮和流派异彩纷呈。总体来说，从时间演化的角度看，主要有两种本质截然不同的战略理论思想：一种是以竞争对手为中心的传统竞争战略理论；一种是以顾客为核心的顾客价值创新战略理论。代表传统竞争战略理论思想的主要有竞争战略理论、能力理论、动态能力（dynamic capability）理论、合作竞争理论等。下面将沿着战略理论内涵的演变这一主线，分别对两种战略理论思想进行综述。

2.1.1　传统竞争战略理论：以竞争对手为中心

20 世纪 80 年代，以 Porter 提出的"五种力量竞争模型"为代表的竞争战略理论成为战略管理理论的主流[51]。他将产业组织理论引入企业战略管理的研究中，将传统产业经济学知识转化为企业战略决策与行动的思考准则，提出产业竞争状态或竞争优势的决定性作用力主要来自于以下五个方面：产业内现有企业间的竞争、新加入者的威胁、替代性产品或劳务的威胁、供应商的讨价能力、买方的议价能力。Porter 认为，可以通过对五种竞争作用力的分析来预测某一产业的竞争强度与获利潜力，即五种作用力量的强度决定了产业的利润潜力。因此，竞争战略理论的核心内容在于：①五种作用力特别强的产业，不具有潜在超常利润，因而企业应该选择一个有吸引力的产业栖身；②有利的产业地位是企业获得竞争优势的前提条件，企业必须通过确定合适的产业定位，抵御五种作用力量以获取竞争优势。基于此，Porter 在著作中归纳了三种基本竞争战略（成本领先战略、差别化战略和集中化战略），并讨论了其在不同产业环境中的具体应用问题。

竞争战略理论一定程度上弥补了古典战略理论对产业和竞争的忽视，理论核心突破在于开始关注竞争对手的反应及对博弈论的引入，竞争成为战略的核心概念[52]。Porter 认为"竞争是企业成败的关键，企业为实现营业绩效所开展的活动都取决于竞争"[53]。也就是说，竞争战略是为了打败竞争对手，让企业能够在产业内占据持久和有利的地位，这种竞争战略的潜在假设是企业把竞争对手当作敌人来对待，如果想在竞争中生存下来，企业能采取的唯一手段就是把所有的竞争对手都打败[52]。企业关注竞争对手并制订、实施有针对性的战略计划，这对于企业赢得市场生存和竞争是必要的，但如果企业的注意力过于集中在竞争对手的反应方面，就会失去企业存在的本来意义——提供市场和客户价值需要的产品或服务，并不断改善价值的内涵和提供方式等，从而使企业失去独特的性格和创造力。正如 Kim 和 Mauborgne 所说，"'非你死即我亡'的战略信条使企业过多地耗费精力在与竞争对手的对抗性竞争中而疲于奔命，却最终因只能提供过于公式化、模式化、低价值、缺乏个性的产品或服务"而缺乏竞争力[54]。而这种现象常常具有路径依赖的特征，一经产生便可能进入恶性循环，不可逆转。在转型经济中的中国彩电行业就曾经爆发过能够代表这一战略现象的价格战[55]。总而言之，Porter

竞争战略理论的核心主旨在于强调产业结构分析，进而通过聚焦与竞争对手在战略上进行比拼来建立竞争优势，但忽视对企业内部差异的分析。Porter 竞争战略理论的核心逻辑在于以竞争对手为中心，客户只是企业用以打败竞争对手的工具。

1984 年，Wernerfelt 发表《企业的资源观》一文，战略的资源基础观由此诞生。与 Porter 竞争战略理论相比，Wernerfelt 开创性地将战略研究的视角由企业外部的"产业结构分析"转移到企业内部的资源与能力的分析上来[56]。1991 年，Rumelt 在其研究中提出，在企业中可以存在一个隔离机制，使企业原本禀赋相同（同质化）的初始资源实现异质化，经过异质化后的资源将具有不完全模仿和不可替代的特质[57]。这期间，一系列概念（如隔离机制、模仿壁垒）和观点如雨后春笋般涌现，为资源基础观理论的发展奠定了坚实基础。Rumelt 通过实证研究提出，产业结构的选择效应只能解释企业绩效差异的 8%，而企业自身资源差异和业务模块的效应则能够分别解释绩效差异的 25% 和 46%。与此相对应，Barney 提出了一个用以分析企业资源与持续竞争优势的理论模型——VRIO 理论模型[20]。该理论模型基于资源异质性和不完全流动性的前提假设，提出稀缺的、有价值性的、不可完全模仿及不能完全替代的资源是企业保持持续性竞争优势的根本原因，该模型为后来的竞争优势研究提供了理论基础。与此同时，Prahalad 和 Hamel 在 *Harvard Business Review* 上发表了划时代的《企业核心能力》(*The core competence of the corporation*)[58]，他们在文中提出企业的核心能力是组织的一种累积性知识，特别是关于协调组织中的各类生产技能、整合不同技术和工具的知识，本质上来讲核心能力是企业获得长期竞争优势的来源。在 Schoemaker 和 Amit 看来，资源是一个组织所拥有或控制的资产，而能力是组织为实现战略目标对资源进行编码、整合、利用和发展的组织程序和知识[59]。能力理论的核心主旨在于：组织是一个能力体系，企业的竞争优势是基于资源的动态联系和发展来实现的，资源的整合是企业竞争优势获取的关键。因此，从理论演化发展的角度看，企业能力理论实际上是对企业资源理论的延伸。此后，Teece 等又提出了分析动态能力的 3P 框架，即过程（process）、定位（positions）、路径（paths），认为企业能力是企业在与外部市场环境的交互过程中形成和发展起来的[60]。动态能力拓展了企业资源理论的研究视角，已成为能力理论的主流思想。

不论是资源理论、能力理论，还是动态能力理论，都是从企业内部视角去探讨企业竞争优势的来源问题。与 Porter 竞争战略理论相比，企业资源基础观的理论逻辑在于重点强调企业内部特征和企业竞争优势之间的关系，即企业必须要对内部特殊的异质性资源加以整合，这些资源既包括知识、技术和能力，也包括其他有形或无形的资源，从而能够形成有异于竞争对手同时具有持续性的竞争优势，以便在市场中占据有利地位或获得超额利润。从这个意义上来说，资源基础观与 Porter 竞争战略理论的逻辑并未有实质性差别，二者本质上都是以竞争对手和竞争对抗为核心,只不过企业资源基础观将竞争突破的核心从对手转向了企业本身,竞争对抗的核心方式由竞争博弈转向了自身能力的打造。

此后,战略管理理论又发展出了合作竞争理论、动态竞争理论等新的理论和思想,这些理论和思想相对于传统竞争战略理论有了很大进步,但其战略逻辑的实质仍然是以竞争对手和竞争对抗为核心。如合作竞争理论,提出产业内企业间的竞争关注点应从竞争对抗转为双赢(win-win)导向下的合作,但实际上合作竞争理论也只是对竞争方式加以创新,并没有从战略逻辑内涵上进行实质性的突破。

2.1.2　顾客价值创新战略理论:新的战略理论视角

如 2.1.1 节所述,传统的竞争导向的战略管理理论关注竞争的物质要素,注重资源、能力和环境之间的均衡,基于产业的结构性因素建立竞争壁垒,从而形成竞争优势。在这种战略逻辑的主导下,企业通常试图占据和保持竞争中的领先位置,在竞争的每个方面都要超过对方。如此一来,企业将过度关注竞争对手,其战略行动因受竞争对手的影响而趋于高度同质化,进而出现以下问题:①企业战略行动的特点是模仿竞争对手,在相同的竞争因素框架下超过对方,但不是开展创新活动;②企业的精力聚焦于对竞争对手的反应,而不是创造发展机会;③企业将无法捕捉新的市场机会或者感知、理解顾客需求的变化。从长远看,竞争的目的是生存,但不仅限于生存,想要持久发展,企业就必须突破这种单纯聚焦于战略的竞争逻辑。因为企业如果仅将目光跟精力局限于死盯竞争对手,使得战略定位于追随者,那么这意味着企业永远不可能在行业中脱颖而出。在这种战略逻辑下,企业有意无意地将战略决策和行动的起点看作自身条件的约束、对竞争对手的分析或者是行业分析等因素,自我设限,创新能力必然受到限制。同时,当市场结构趋于稳定、行业趋于结构化时,企业将发现自身生存发展空间十分有限,可选择的竞争手段有限,利润回报增加幅度越来越小,最终陷于"竞争困境",在狭小的空间中与对手两败俱伤。

针对传统战略无法引导企业走出"价值周期陷阱"的问题,法国欧洲工商管理学院的两位教授 Kim 和 Mauborgne 提出了一种新的战略思想——顾客价值创新战略[61]。他们认为促进企业业绩增长的根本是提高顾客价值,企业的核心能力应该与价值创造、价值范畴的开拓及流程重构联系起来,这样企业的竞争优势才能从静态的竞争壁垒构建转向动态的顾客满意获取。由此,一种新的战略思想诞生,其内在战略逻辑在于将顾客作为企业的发展核心,专注于为现有市场的顾客创造和提供更多新的价值,甚至是创造新的市场,从而最大限度地提高顾客的消费价值。第一,该理论认为企业在考察外部环境时,应重点关注企业存在的意义,即创造顾客;第二,该理论提出顾客即合作伙伴,企业应与顾客一起共同致力于创造顾客需要的价值，而不是像竞争战略那样，将顾客视为产业环境中的一个竞争力量。第三，价值创新战略认为企业在进行战略决策时要从顾客价值出发，创新可以创造更高的顾客价值，并以此为导向建立与产业内其他利益相关者的合作关系，跨越价值范畴的同时，摆脱各种传统和界限的束缚。

从战略逻辑内涵的比较来看，顾客价值创新战略与传统竞争战略的最大区别在于战略制定出发点从"竞争"转向"创造"[62]，其差异性可以归纳为五个方面，如表 2.1 所示。"顾客价值创新"的战略思想为战略逻辑的考察和审视提供了一个新的视角。

表 2.1　传统竞争战略与顾客价值创新战略的理论逻辑比较

战略维度	基于竞争的传统竞争战略理论	基于顾客价值的创新战略理论
产业假设	产业条件固定	产业条件可变
战略关注重点	构建竞争优势，打败竞争对手	创造、创新客户价值，主导市场竞争
客户	关注细分市场，提供区别于竞争对手的个性化服务，重视客户价值需求差异，以维系和拓展客户基础	聚焦特定客户群体，重点关注客户价值的关键价值需求，不受特定价值范畴束缚
资产与能力	以现有资产与能力为战略制定的考量基础；寻求兼并、发展和调度有价值的、稀缺的、不可模仿和替代的资源和技术来深刻思考企业自身资源与能力，构建最具核心价值的独有资源和能力的组合，以建立竞争优势	不受现有资源的约束，围绕价值的创新通过建立各种竞争合作关系和战略联盟创造新的资产和能力
产品和服务的提供	企业能够提供的产品和服务范围有限，价值的获取在于最大化已有产品和服务的利润	价值创新的核心在于价值要素，需要对顾客需求进行深入理解，从而构建产品和服务的新的价值曲线，提供新产品和服务以满足顾客基本功能属性，以反映和引导顾客更高要求为基础

2.2　转型经济下的企业战略理论研究

前言中已经指出，转型经济情境下本土企业的管理实践具有独特性。近年来，随着中国新兴经济和转型经济在全球经济竞争中战略性意义的日渐突出，中国本土企业的战略行为与模式受到国内外学者越来越多的重视[63]。一方面，学者对转型经济这一特殊情境本身进行了研究；另一方面，也有学者开始关注该情境下企业的战略管理问题。

2.2.1 转型经济的环境特征

虽然转型经济国家面临着不尽相同的经济环境和发展阶段，但是在与西方发达国家较为成熟的经济环境相比时，无论是在市场维度还是在制度维度下转型经济国家都存在某些共性特征，而这些特征为处于转型经济体中的企业塑造了独特的发展环境。

在市场特征维度方面，与成熟市场经济的国家相比，转型经济兼具了高速增长和市场机制不健全的特点[64]：①转型经济的特点首先体现在转型经济对经济保护的传统上。尽管转型经济国家正从经济欠发达状态向开放性市场状态过渡，但仍受到经济保护传统的深刻影响。加之企业所有权性质的多元化、国有企业控制等现象的存在，转型经济的市场状况异常复杂。以市场需求为例，转型经济中的消费者可能面临大量的产品短缺或者购买选择的有限性问题[65]，企业的战略与行为会表现出不同于西方企业的做法[66]。与此同时，随着市场的逐步放开，市场开始呈现出动态性、不确定性、复杂性等特征[67]，因此企业战略必须要面对和适应市场开放所带来的巨大环境冲击和挑战[68]。②虽然不同的转型经济国家面临着不同的经济转型环境，发展的速度和节奏也存在着较大的差异，但基本都会经历相似的制度变革及私有化过程[69]。在这个过程中，政府逐渐放松对经济的管控，市场机制开始发挥作用并逐步趋于健全，企业发展所需的资源开始按照其价值通过市场交易的形式得到配置，企业要生存必须从市场中自主获取需要的资源。因此，企业暴露在市场竞争的大潮中，必须学会适应新的市场游戏规则[70]。③随着政府对私有化、私有产权保护意识和行动的强化，转型经济国家的民营经济开始变得更为重要和活跃，同时面临着市场机制不健全所带来的经营商的困境和难题，转型经济下民营企业的战略、行为呈现出新的管理现象，具有不同于西方成熟经济下的独特规律和特征。④随着转型经济国家法律的逐步健全和市场化的推进、制度改革的深化，更多的跨国公司开始进入本国或区域进行投资和经营[71]，能力间的巨大差异和不同的管理文化激烈碰撞，市场竞争异常复杂。而对于跨国企业而言，适应当地的经济和文化状况，应当地的市场环境做出正确的决策并选择适当的战略，成为其跨国经营成功的关键。⑤经济的持续高速增长为转型经济企业带来了大量的发展机遇，这种机遇体现在多个方面。一是开放的市场所带来的大量需求，长期压抑的市场需求一经释放，便具有无限的可能，这种需求既体现在量的方面，又体现在质的方面；二是各级政府对经济运行过多干预，使行业平均利润率存在不正常的差异化，转型经济企业的战略导向仍然倾向于机会增长型的推进模式[64]；三是转型经济在市场经济体系方面（如制度、规则和参与者及其行为等方面）不完善，给转型经济企业带来新的机遇和可能，转型经济企业可以在缺乏普遍意义的竞争优势下，通过利用体制和市场机制的不健全，以及信息条件的不对称来获得新的发展机会[72]。

在制度特征维度方面，相对于成熟的市场经济国家来说，转型经济的典型特征是制度不完善，表现为制度环境较弱或制度缺陷[73]，以及制度环境的动态性[74]。转型经济下，法律框架通常较弱，主要表现为法律执行方面的不对称、有效商业和知识产权保护的缺乏、弱会计与财务准则和制度、法律系统的转型所带来的律令编码模糊和执行不力[75]。转型经济市场有效法律框架的缺乏，如产权定义的不够明确[76]、较弱的知识产权保护[77]等情况，这一方面意味着成熟市场和完善交易制度的缺失极大地阻碍了资源的自由流动，导致资源配置效率的低下和交易成本的升高，致使企业面临较高的资源获取壁垒[78]。在此情况下，社会网络、企业战略联盟被转型经济企业当成降低交易成本的重要手段[79]，网络战略成为转型经济企业成长的重要方式[69]。另一方面这又意味着机会主义的增加、寻租等腐败问题[80]，并反过来导致产权执行能力的进一步恶化[81]。这些问题引致在转型经济国家中出现大量复杂的商业现象和商业群落。以中国为例，近年来出现的诸多有趣现象，如产权模糊[82]、关系[83]、政治关联[84]等，都与转型经济特殊的法律与制度状况有很大关系。此外，转型经济还表现出金融制度的不完善，如会计与财务准则和制度的缺乏[75]、大量内部市场[85]的存在。

除了上述转型经济国家共同的特征之外，具体到中国情境下，中国转型经济的特征主要是计划经济和行政干预对经济、市场和企业正常运行的广泛、频繁的困扰，主要表现为：在市场特征维度方面，第一，大量的资源并没有完全遵循市场的运行机制进行有效的配置，而是被各级政府掌握和控制，所以在经济运行中各级政府扮演着非常重要的角色；第二，国有经济效率较为低下、非国有经济的地位较低及经营受限的现象还大量存在；第三，存在较多的国际比较优势，国内市场巨大且需求特征独特，中国企业同时面临大量外向和内向的增长机会。在制度特征维度方面，第一，市场经济所依赖的政治体制和法制环境仍然存在严重缺失或不健全，而这种不完善集中表现在区域竞争和地方保护导向下的国内市场区割[86]。第二，制度环境的差异化。中国的经济转型是在渐进、逐步放权和试验中进行的，在这个过程中各级政府是通过差别化的制度和政策，分别或是轮流地推动着改革的开展，包括不同地区、行业、所有制，甚至是不同隶属关系的企业，也会在发展过程中给予不同资源能力的企业相应的优惠和政策上的支持。第三，制度待遇的差异。中国的转型经济市场与西方经济市场相比，在一定程度上是缺乏统一性和公平性的。因为不同类型和区域的企业在制度环境上是存在很大差异的，换言之，中国的制度对企业有着明显的"因企业而异"的现象、情况，随着区域竞争和地域保护的日趋激烈，中国企业在制度环境上的差异化也在进一步强化和显著。

2.2.2　本土企业战略行为研究的多元化视角

学者普遍关注又十分有价值的问题：处于转型经济下的中国本土企业与西方企业在战略行为表现方面是否不同及如何不同？如果有不同，这些差异又与中国转型经济时期的什么因素有关，它们之间具有何种关系[63]？

第一个问题的答案似乎是肯定的。以有关转型经济和中国本土新兴企业战略行为的研究为例，国际和国内学者分别从制度基础理论[79，87]、动态竞争[88]、合作竞争理论、资源基础观[89]、复杂理论[90]等多视角对中国企业的战略问题进行研究，一些学者还建议对资源基础观、组织经济学、制度理论等多理论进行综合[91，92]。例如，学者 Peng 指出，市场竞争和制度空缺并存的转型环境特征，决定了转型经济下的中国企业要实现财富创造必须同时采取探索性竞争战略、非正式关系网络和模糊性边界等综合策略[93]。韵江提出，在信息技术和全球化经济高度发展、客户需求日趋个性化背景下的中国企业，其竞争战略并非如西方理论所说的那样，成本领先和差异化"鱼与熊掌不能兼得"，恰恰相反，两者具有内在的一致性，在现实中高度地融合[94]。Li 和 Wong 从制度理论与资源基础观双理论视角，探讨和剖析中国本土企业的多元化战略模式及其绩效[95]。Davies 和 Walters 基于资源依赖及动态战略匹配理论的理论视角综合，理论分析并实证检验了中国转型经济环境、企业战略及组织绩效之间的关系，进而推断处于转型经济环境下的中国本土企业在战略行为与战略模式上同 Porter 竞争战略理论有着截然不同的特征[96]。

武亚军在综合组织经济学、制度基础理论、资源基础观和动态战略观等多种理论视角的基础上，提出本土企业成长的战略分析框架[63]。他在文中提出，处于完备市场经济背景下的西方企业，其战略模式只需要聚焦于市场范围、竞争优势等少量核心维度即可，而转型经济背景所内嵌的复杂和动态的制度环境、后发追赶企业的有限能力及独特的中国文化背景，决定了中国企业的战略需要应对转型经济阶段所特有的一系列制度、产业和文化因素，因而中国本土企业的战略考量维度显得更为"复杂"；与此同时，转型经济阶段环境的复杂性、动态性又要求本土企业的战略决策和行动具有"简练性"特征，即能够依靠简单的战略规则约束实现快速的环境应变和组织变革[63]。陆亚东和孙金云认为，从联想、海尔、华为、三一重工等为代表的中国本土企业的战略行为特征及其在国际市场取得的成就看，西方经典战略理论的资源基础观等战略观点无法给出令人信服的解释；这些企业与它们在国际市场所面对的竞争对手相比，不存在明显的竞争优势，也不具备有价值、稀有、难以模仿和不可替代的核心能力，却能够在国际市场的激烈竞争中取得非凡的成绩，其成长现象无疑对传统的战略理论提出了严峻的理论挑战[97]。

综合这些研究来看，西方经典的战略管理理论可能无法对中国转型经济现象和中国本土企业在转型经济中的战略行为、模式做出合理的解释，因而在指导中国企业在经济转型时期和全球化竞争中的管理实践方面也将力不从心。一个更为本质和严峻的问题是，中国本土企业及其领导者在企业财富创造和市场竞争搏击中的战略思维是否真的遵循已有理论所提出的一致的、既定的理论框架及情境因素，或者从另一个角度说，中国本土企业战略行动背后真实的决策逻辑是什么。

2.3　装备制造业行业概述及技术特征

技术能力是影响和制约中国装备制造企业竞争和发展的核心关键因素之一。作为制造业的龙头产业，装备制造业一直在国民经济中占有举足轻重的地位，因其具有较强的经济带动性和较高的产业关联性，对国民经济和产业发展具有重要的战略意义。然而，中国的装备制造产业在技术和市场两个层面都有着严重的劣势，尤其是技术方面，其现实状态是以后发为主，企业发展一般采取技术追赶的战略，促进中国装备制造企业的发展的根本在于提升企业的创新能力。虽然经过多年的努力发展，中国装备制造业已经取得了非常显著的成效，但技术创新能力的提升仍然是企业发展的核心困扰和关键问题。

2.3.1　装备制造业行业及企业特征

装备制造业是一个国家制造业的基础和脊梁，是社会生产力发展和实现现代化建设的基本条件，也是一个国家综合实力和国际竞争力的体现。早在中国共产党第十六次全国代表大会上，江泽民就曾提出，"用高新技术和先进适用技术改造传统产业，大力振兴装备制造业"[98]。然而目前我国理论界对装备制造业的概念还没有达成共识，范围界定也不是十分准确。目前一般将制造业分为两类：装备制造业和最终消费品制造业。其中，装备制造业是对能够为国民经济提供生产、技术、装备的工业部门的总称，简而言之就是"生产机器的机器制造业"。

根据《国民经济行业分类》（GB/T4754—2011），装备制造业应包括通用设备制造业，金属制品业，交通运输设备制造业，专用设备制造业，计算机、通信和其他电子设备制造业，电气机械和器材制造业，仪器仪表设备制造业等七个大类、185个小类的产品生产单位。如果以技术密集程度作为标准，装备制造业可以划分为通用类装备、基础类装备、成套类装备、安全保障类装备、高技术关键设备五大类型（表2.2）。

表 2.2　基于技术密集程度的装备制造业类别划分

不同产品分类	特征描述	产品类别
通用类装备	以传统技术和一般应用为基础的机械制造类型，具有数量多、涉及面广泛等特征	机泵阀、工程建工机械、基础农业机械、运输机械等
基础类装备	以机床工业为代表，决定其他机械产品的生产技术水平，是装备制造业的核心	机床、模具、仪器仪表、元器件、基础技术
成套类装备	高难度、技术依存度较高，多种技术的复杂集成，多种工艺设备系统、软硬件、控制系统的集成，以整体功能或解决方案形式存在	石油化工、发电设备、家用电器、食品加工、轻纺、建材等加工设备
安全保障类装备	主要以保障国家国防和经济安全需要为目的	国防装备、尖端科研设备、重大关键性设备
高技术关键设备	高技术含量、少数关键性机器设备	超大集成电路单晶拉伸、镀膜生产光刻、集成电路封装测试、电路光纤拉伸、纳米材料生产设备等

　　从产业特征的角度来看，装备制造企业具有以下特点：产业覆盖范围广、关联度大，资本和技术密集，具有较强的就业带动作用。与一般企业相比，装备制造企业的特征也较为明显：①有很强的企业间合作关系需求，所需物资和器材涉及面广，配套复杂，且上下游存在较大差异，有着较高的质量要求；②作为一种衍生需求产生的装备制造产品，生产和销售都滞后于终端消费者的需求；③客户个性化需求较强，生产方式属于订单式生产和多品种单件生产，无法实现连续、自动生产或者大批量流水生产，受产品独特性的影响，场内外协作过程很难得到协调和均衡；④对资本和技术的要求较高，这是因为装备制造企业生产的产品专用性强，前期的基础设施投入很大，资本回报周期很长；⑤会受到更多政府的约束，主要是因为与其他类型的企业相比，装备制造企业的产品会对国际安全和国家战略发展产生重大影响，所以政府会更关注装备制造企业，也会通过政策或其他形式予以干预。

　　虽然装备制造业对我国经济发展和国家安全具有重要的战略意义，但我国装备制造业与国际同行业相比，还有着很大的差距，还无法满足我国国民经济和社会发展的需求，主要是因为我国装备制造企业缺乏核心技术。从学界对我国装备制造业的研究来看，目前存在的问题主要有：重大技术装备仍然依赖进口[99]，数控系统和关键部件仍是薄弱环节[100]，自主创新能力薄弱[101]，行业技术水平不均衡，装备制造企业"量大质弱"、结构布局不合理[102]。

2.3.2　复杂产品系统概述

　　如果以产品生产和技术研发的特征作为标准，可以将制造企业划分为一般性规模制造产品企业和复杂产品系统企业，装备制造企业所涉及的产品主要是复杂产品系统。因此，我们在介绍完中国装备制造行业有关情况后，进一步从装备制造产品特征的角度，以技术复杂性较高的复杂产品系统作为主线，对复杂产品系统的产品、技术等特征进行阐述，以便读者在阅读后续章节剖析和归纳影响中国装备制造企业主导逻辑的技术特征维度时更容易理解。

1）复杂产品系统概念

复杂产品系统最早出现于 20 世纪 90 年代中期，由英国"复杂产品系统创新中心"的 Hobday 等首次较为系统地提出[103, 104]。虽然复杂产品系统的概念已经产生了二十余年，但是目前学术界还未就此达成一致的认识，国外相关学者对复杂产品系统概念的界定如表 2.3 所示。

表 2.3　国外相关学者对复杂产品系统概念的界定

代表学者	概念界定
Hobday[104]	规模大、单价高、高附加值、工程及信息密集，包含大量专用子系统和元器件，一次性、小批量定制生产
Hansen 和 Rush[103]	技术含量高、研发投入大、项目周期长、定制化程度高、复杂程度高的大型产品、系统、控制单元、网络
Gann 和 Salter[105]	高风险、高技术、高附加值的大型产品或系统，以项目管理为主的系统工程与系统集成
Prencipe[106]	高成本、高工程含量、高附加值，并具有亚系统或构造的产品系统
Davies 和 Brady[107]	高技术、高附加值的资本产品，B2B（business to business，即企业对企业）形式的单件或小批量生产的大型产品
Gershenson 等[108]	研发成本高、技术含量高、规模大、单件或小批量生产的大型产品、系统或基础设施
Davies 和 Hobday[109]	高技术、高附加值的资本品，高成本、工程和软件密集型的产品、系统、网络、工程项目

Davies 和 Hobday[109]在书中详细列举了复杂产品系统的产品类别，可以帮助学术界更深层次地理解复杂产品系统的概念及产品所属范畴，具体如下。

航空运输处理系统	航母	飞机发动机	装甲战车
行李处理系统	大型起重机	基站移动通信系统	航空电子设备
军舰	机场系统	轨道交通系统	企业 ERP
化工厂	游轮	水坝	码头/港口
客机	电子零售网络	柔性制造系统	飞行模拟器
直升机	高速铁路系统	气垫船	智能建筑
导弹系统	核电站	海上钻井平台	智能加工设备

注：ERP：enterprise resource plan，即企业资源计划

2）复杂产品系统特性

在复杂产品系统独立地成为研究对象之前，相关研究已经开始零星出现，如 Mowery 和 Rosenberg 将航天飞行器作为一种特殊的复杂产品，以案例的形式对其创新过程和管理进行了研究[110]，Bijker 等专门研究了大型的技术系统[111]，Shenhar 和 Dvir 将项目式组织管理作为评判的基准，区分了传统的创新管理和以项目为主

的管理创新的不同[112]。

这些零星的研究开始让学界意识到复杂产品系统的特殊研究价值,以 Davies 和 Hobday 为代表的学者开始提出[109],传统技术创新面向的对象都是大规模制造产品,而对于航天飞行器、大型技术体系等大型资本品,兼具高价值、高技术、高成本和高客户定制等特点,很难用现有的创新理论来解释,但是这类产品在国民经济的发展过程中发挥着至关重要的作用,所以对其特有的创新活动和管理问题亟须新的理论来进行解释。在这样的背景下,诞生了复杂产品系统的概念和研究领域,复杂产品系统与大规模制造产品的区别如表 2.4 所示。

表 2.4 复杂产品系统与大规模制造产品的区别

	复杂产品系统	大规模制造产品
产品特征	零部件多、复杂元件界面 内嵌定制元件 产品生命周期长 高附加值的资本商品 涉及多种知识和技能 性能竞争	零部件少、简单界面 标准元件 产品生命周期短 低附加值的消费商品 涉及较少知识和技能 成本竞争
市场特征	双边寡头结构 B2B 交易方式,交易金额大、数量少 政府高度调控 高度管制市场 议价	许多买者和卖者 B2C(business to customer,即企业对个人)交易方式,交易金额小、数量多 政府很少调控 一般市场机制 市场价格
生产特征	单件/小批量生产 系统集成 研发生产融为一体 客户高度参与研制过程	大规模/大批量生产 制造系统设计 研发生产不同步 创新服务于市场需求
技术特征	技术含量高、密集 涉及技术种类多 技术扩散速度快 创新和扩散同步进行	技术含量低 涉及技术种类少 较少技术扩散 创新和扩散分开进行

资料来源:由文献[113]和文献[114]总结

(1)产品特性。复杂产品系统本身是具有系统性复杂界面的,大多数都是含有内嵌式的软件商系统等模块组件的,须在定制的基础上进行层次链形式的集成[113]。除此之外,复杂产品系统还具有生命周期较长的特性,且生命周期一直延续到产品交付后[115],技术更新主要是以局部子系统或模块功能升级或技术创新的方式来实现。

(2)市场特征。复杂产品系统的市场结构有以下特征:①复杂产品系统市场买卖的双方数量有限,关系稳定。市场特征主要表现在双边寡头结构方面,一边指的是由几家集成商分割市场所组成的集成商寡头结构,另一边指的是用户寡头结构,主要由大型的专业用户或政府部门、机构组成[113]。复杂产品系统一般都是提供给大型的系统集成商，多是经济和技术实力都非常雄厚的大型企业，并与客户、政府等其他的利益相关者有着良好的合作关系，长期的合作关系让其更容易获得订单，这是一种先天的优势，所以它们始终处于产业链的主导地位，并对复杂产品系统产业有较强大的控制力[115]。复杂产品系统市场的买卖双方数量都是有限的，因此市场供需关系基本处于稳定的状态，系统集成商与生产商、供应商及其他利益相关者之间相互依赖、相互制约，形成了一种良好的竞合关系，同时由于系统集成商的主导控制地位，所以任何一个决策或技术变革都会影响到其他的利益相关者。此外，复杂产品系统的用户也是具有特殊性的，不仅全程参与到产品的生产过程中，包括产品的设计、生产和交付使用，系统集成商和其他的利益相关者都会与客户保持密切联系，通过沟通和交流来具体了解客户对产品的要求，并通过技术升级和引进的方式来对产品进行创新，以起到创造性满足客户需求和与客户持续互动沟通的效果[113]。复杂产品系统的客户跟系统集成商一样，通常也处于优势和主导性的地位，如中国轨道交通制造业的客户通常是政府机构，微观层面上和企业形成产品联合体，参与到产品创新的全过程中，宏观层面上还会通过政策导向、制定政策等方式来影响甚至决定产品的市场需求及未来的发展方向。②复杂产品系统具有较高的市场进入壁垒。复杂产品系统市场中的买卖双方数量有限且稳定，主要是因为复杂产品系统市场的进入壁垒非常高。市场进入壁垒是某一个产业在位者所拥有的先天优势，是潜在进入者所无法获取的[109]。复杂产品系统新进入厂商一般会面临三个方面的进入壁垒：第一，政府管制壁垒。政府管制壁垒是复杂产品系统市场的硬性壁垒，主要是因为此类产品大都是会影响到国计民生的大型产品或系统，如交通设备、航空航天设备，这些产品都是与国家经济发展紧密相关的，因此政府会针对这些产业实施非常严格的管控措施，包括对现有的厂商的控制和市场新进入者的准入管理制度，只有在经历过严格的考核和审查后才有可能获得政府的许可。第二，互补性资产壁垒。复杂产品系统的市场中，系统集成商与供应商、生产商及其他利益相关者长期合作、关系稳定，也是造成新进入厂商进入壁垒的关键因素[116]。第三，生产投资壁垒。复杂产品系统的生产周期很长，一般都要数年甚至更久，在较长的生产过程中，不管是用户、合作伙伴，还是其他的外部因素，都会发生较大的变化，从而对复杂产品系统的设计和生产造成较大的影响[117]。复杂产品系统的生产周期长，生产过程中存在诸多不确定性因素，也使得其开发和生产过程都需要数额巨大的资金来支持，对于企业而言这都是存在挑战性的风险因素[114]，自然而然形成了市场新进入者的另外一道天然屏障。

（3）生产特征。复杂产品系统的研发和生产是结合在一起的，研发完成意味着生产的完成，不会产生相应的再生产或市场推广的过程[118]。复杂产品系统的研制关键在于设计、模块开发及系统的集成，研制过程的参与主体分别是系统集成商、分包商和最终用户三个不同的组织，分别在研制过程中承担不同的阶段性任务，研制的目的也存在差异性[114]。系统集成商会将部分的模块设计、开发和研制、制造工作分担给不同的分包商，自身主要负责大型复杂项目的管理、各类技术领域中关键技术的掌握和不同模块技术集成的工作，以"两头内、中间外"的原则来完成复杂产品系统的研发和生产过程[118]。

（4）技术特征。复杂产品系统以技术复杂性为核心特征，通常具有较强的技术集成性、系统嵌入性和体制网络化，涉及的技术种类众多，并都有着很高的技术含量，所以一旦研发成功，是可以带动不同模块的技术共同发展的，因此有着较快的技术创新扩散速度[109]。

2.4　认知视角下的企业战略管理研究

过去 30 年中，将商业组织的成功与否归因到组织所具有的知识和竞争力的差异，已经成为战略管理和组织理论领域中的一个新热点，众多学者围绕这一问题开展了大量的研究。经历了早期特殊能力（distinctive competence）[119]、组织惯例（organizational routine）[120]、吸收能力（absorptive capacity）[121]到组合能力（combinative capability）[122]，再到最近的动态能力[123]，学者研究的重点大部分都放在定义和解释组织中观察到的各种新现象，希望能够从这些解释中找到组织能力的根本来源。随着管理者和组织认知越来越受到战略管理研究的重视[124]，借鉴社会学、心理学和认知科学有关研究成果，将关于人类认知和心智思考的现有研究成果引入战略选择领域，这可以让人们更好地研究企业的战略决策机制。

2.4.1　管理者认知相关研究

概括而言，目前对管理者和组织认知的研究主要聚焦于三个领域：一是关于管理者和组织行为决策的研究，该研究主要关注认知功能与认知模式在战略行为决策中的应用，如认知偏见、惯例简化等[125]。二是对管理认知内容、管理者的认知分析方法的研究和关注，主要内容是认知地图和认知结构的研究[122, 126]。三是对管理者认知、认知结构与战略管理的关系及其作用机理的研究，即对于战略形成的决策和实施过程的研究[127]。

对管理者认知的研究主要从领导者个人层面、高层管理团队（top management team，TMT）层面、组织层面及行业层面四个层次展开[128]。其中，领导者个人层面所关注的是领导者个人的心理、知识和认知对组织战略选择决策与组织绩效的影响[129]，其基本假设是领导者个人的性格、背景、经验和经历等都对其管理认知的形成和发展有重要的影响作用；高层管理团队层面关注的是当不同的组织个体组合在一起并形成决策团队时，原本分散的知识结构也会聚合成一种集体性的知识结构，这种团队型的战略决策和管理认知便成了团队成员认知协调的结果，也就是团队成员以谈判、争论等形式完成认知社会化的过程[130]；组织层面的管理者认知主要关注组织作为一个整体所表现出来的心智、思想等，即所谓的"共享认知图式"[124]；行业层面的管理者认知主要考察管理者如何感知和解释行业或竞争结构，包括竞争者定义、行业范式等[26]。企业战略管理的研究关注企业的组织行为时，重点在于宏观层面上的组织行为集体反应，因此，就企业战略管理的研究而言，管理者认知分析适合在组织层面进行[32]。组织层面的管理认知对组织的作用体现在两个方面：积极性和消极性，前者表现为在不断变化的环境中，共享管理认知对于组织行为连贯性的作用，后者表现为组织行为偏差受管理者认知偏差的影响，从而导致企业忽略潜在风险和信息，产生战略盲点[124, 131]。

　　在管理者认知研究中，主要有这样几个基本概念：认知内容、认知结构、认知模式、认知复杂性、认知集中性。认知内容指的是个体所知悉的、假定的和相信的东西；认知结构是关于个体头脑中内容安排、联结或分析的方式；认知模式则是指人们在以往经验的基础上形成的对特定事物或事件稳定、一致的看法、理解和认识，不仅包括管理者的知识结构，更包括管理者思考问题的方式及以此对事物的取舍和考量[132]。学界对管理认知维度的划分较为集中，有两类：①Nadkarni和Barr根据管理认知结构对具体概念的关注及概念与概念之间的关系，将管理认知划分为关注焦点和因果逻辑两个维度[32]。前者指的是在战略决策者管理认知结构中的中心位置，也就是其在企业日常运营中较为关注的"点"（核心概念）；后者则是指战略决策者管理认知结构中概念与概念之间的逻辑关系，以表明谁为因谁为果，什么将会导致什么，作为一种认知联想方式，因果逻辑代表战略决策者理解信息和应用信息的方式。②以Freeman为代表的学者根据战略决策者管理认知和知识结构的整体特征，即管理认知结构是简单抑或复杂，集中抑或分散，将决策者认知结构的特性分为"集中性"和"复杂性"两个维度[132, 133]。其中认知结构的复杂性指认知结构的差别性和一体性[133]，差别性指认知结构中不同概念的多样化程度，一体性则强调概念之间的联系程度；认知结构的集中性则指认知结构围绕若干"核心"概念，集中性的认知结构中，核心与非核心概念区别与关系明显、结构层次分明。Cañas等基于认知神经科学的最新研究成果，提出"认知柔性"的概念[134]，认为从组织管理角度，认知柔性是指管理者的"认知处理策略与环境中新的、意外情况相适应的能力"。

　　目前对于管理者认知的研究中一个基本观点是：管理者的认知，包括认知内容、认知结构和认知方式，能够对管理者和组织的战略决策及行为产生显著的影响；组织内外部环境和信息，以及管理者的个人经历、知识、性格等因素会对管理者的认知产生显著的影响[32, 128, 135]。总体来说，管理者认知对于组织战略选择和管理决策的效应主要体现为两种方式：一是"滤镜"效应，这是指管理者认知在战略决策者信息搜寻、解释和应用方面所发挥的作用。这种作用主要表现为战略决策者认知结构中对概念或目标重要性的认识，以及战略决策者认知结构中的概念与目标之间的复杂因果关系。前者通过关注焦点为决策者识别问题提供了一个过滤器，即有选择性地集中注意力，集中关注的领域都是决策者认为值得关注的，而且会忽略其他领域的相关信息。后者则是通过因果之间的逻辑关系，即管理者认知结构中概念与概念间的确定性关系，来形成决定战略问题构建、战略问题理解与沟通等的认知考量依据[136, 137]。二是"模式"效应，即管理认知作用于类推、心智、解释和认同的效应。即便在动态竞争的环境下，管理者认知的知识结构依然具有稳定性和一贯性的特征，体现为一种基于"模式"的有限理性的反应。由于管理者的认知知识结构通常具有稳定性和情景依赖性的特征，管理者认知也曾被称为"认知图式""认知模式""心智模式"等[124]。"认知模式"一般情况下指的是在企业长期经营活动中，已经形成的对事物的信念、假设及概况等，是一种根深蒂固的思维和行为上的习惯和积累。因此，管理者认知是对过去环境和经验的嵌入，而这种关于过去的嵌入却深刻影响着企业目前和未来的决策。已有研究发现，管理认知对企业决策的作用主要有三种模式：第一，类推模式。战略决策者在处理新的问题时通常会根据自己过去熟悉情境下的经验做出决策。第二，心智试验模式。战略决策者在认知事物时常常通过现有的演绎和归纳进行认知的推理和分析，并通过假设的形式来解释现有事实。第三，解释模式。这种模式强调战略决策者通常会在以往经验和直觉的基础上，对某一问题进行心智草图的描绘和勾勒，并以此为根据来进行决策和行动[138]。

2.4.2　认知视角下企业战略行为差异性的解读

转型经济背景下本土企业战略管理实践挑战西方传统管理理论的现象，背后蕴含着"理解、掌握本土企业战略行为、管理智慧、资源能力机理的差异性"问题，即为什么本土企业在战略行为上不同于西方企业，本土企业的战略行为如何不同于西方，相同情境下中国企业的战略行为有何种差异，为何会有此种差异。这些问题的回答，实质上也是对本土企业为何能够在异常复杂、动态的环境中，克服资源能力的弱势，在同国内国际对手的竞争中获得市场优势，以及如何通过独特的创新方式取得顾客和消费者认同的解释。

以往战略管理对这些问题的回答，往往仅局限于行为层面。而随着近年来管理认知理论的深入发展，人们开始意识到，过去战略管理研究受经济学研究范式的影响，假定完全理性的管理者按同样的逻辑方式推理，关注相同的机会与威胁，以利润和效益最大化为目标，却忽略了复杂、动态、不确定环境下管理者主观能动性在战略决策过程中所发挥的作用，从而难以解释企业战略行为背后的深层本源和内在机理。

源自认知心理学的管理认知研究，集中关注管理者认知因素对企业决策具有怎样的影响及如何影响企业的决策过程。Hambrick 和 Mason 指出战略决策者的管理认知结构是影响企业战略决策的重要因素，并提出企业决策及其有效性某种程度上是决策者认知的反映[139]。Schwenk 发现管理认知的重要作用体现于战略问题的诊断和解决方面[140]。Walsh 揭示了其中的机理：一是管理认知对环境中信息的搜寻和解读，即强调管理者的主观性在搜寻、解释外部信息中的作用[124]，管理者的注意力关注点将对企业发展和竞争产生重大影响，管理者对信息的解读方式会影响企业如何构建战略问题[32, 141]；二是个体认知结构中的因果逻辑构成了其内在的价值标准，即决策者的因果逻辑是其战略决策的基础[142]，影响企业战略决策制定、实行的方式和途径[143]，因其存在的个体差异性，不同决策者在相同情境下会做出不同的决策。

经过 30 余年的发展，管理者和组织认知正日益得到战略管理研究领域的重视[124, 144, 145]，研究成果主要集中在以下领域：①管理者及组织行为的决策理论的研究，主要聚焦于认知偏见、规则、惯例等认知简化原理对战略决策过程及效果的影响，如 Schwenk 曾指出不同的认知简化逻辑会导致企业在问题分析[125]、搜寻可行战略及评估和选择等战略制定环节有截然不同的表现，如在评估和选择战略时典型性简化策略可能会导致对结果的错误预期，充实优先的策略可能会导致那些有效但被简单陈述的战略选择被忽视。在后续的研究中，Schwenk 还探讨了高管任期对战略制定的影响[146]，认为长任期的企业高管会形成外部归因的认知结构，即倾向于把企业业绩的下滑归因于外部环境，这会影响战略制定的效率，进而导致不好的企业绩效表现。②认知模式、认知结构、认知地图等认知构成因素的研究，聚焦如何分析管理者的认知构成及其方法[126]，如廖中举对国内外学者关于认知地图的研究进行总结发现[147]，认知地图包括认知复杂性、认知聚焦性、主动性逻辑和决定性逻辑四个维度，其中认知复杂性指的是管理者从多个维度对外部环境进行建构的能力，具有高认知复杂性的管理者用多种互补性的概念去理解周围的现象，认知聚焦性则更强调高层管理者对外部环境的建构受某个（某类）概念支配的程度，而主动性逻辑和决定性逻辑则隐含着管理者对环境和战略谁决定谁这一问题的认知。③认知与战略管理过程的关系研究，即战略形成和战略实施之间的关系及其认知过程机理，如 Nadkarni 和 Barr 整合环境观和认知观[32]，提出了情境—认知—战略行为的分析框架，并通过实证发现产业情境会影响企业家的认知焦点，而企业家的认知焦点又会调节企业家对产业环境变动的反应速度，情境与认知的这种互动关系有利于解释企业所采取的差异性的战略行为。尚航标和黄培伦通过利用因果图对万和集团进行案例分析[132]，发现动态环境下，高层管理者的管理认知会形成企业的支配逻辑和认知惯性，产生惯性增强的趋势，进而促进能力的集聚，使得企业获取并保持竞争优势。王鹤春等在研究惯性对后发国家引进型管理创新的作用时发现[148]，认知惯性、学习惯性及组织惯性在管理创新引进的不同阶段分别起主导作用,其中认知惯性是管理创新引进前期的主导惯性，主要通过企业家警觉、知识搜索、企业家意图、成功欲等体现。

2.4.3　主导逻辑与企业战略、绩效

Prahalad 和 Bettis 在 1986 年最早提出"主导逻辑"的概念，并对其内涵进行了诠释。其核心思想是，主导逻辑本质上是一种由高层管理者共享的认知模式，这种认知模式是管理者在进行行业选择、业务界定、资源配置等决策时所依据的潜在假设的集中体现，并且这种认知模式会通过管理者的战略决策对组织绩效产生影响[10]。

继 Prahalad 和 Bettis 提出"主导逻辑"概念后，后续研究开始关注主导逻辑与企业战略制定、组织绩效之间的关系。Krogh 等研究证实了主导逻辑与企业战略反应、组织绩效之间存在强相关关系[13]。Brännback 和 Wiklund 对熟食品行业主导逻辑变革与企业知识管理之间的关系进行了研究[17]。Obloj 等对新兴经济中主导逻辑与创业企业绩效影响关系进行了实证分析[149]，发现两者也具有强相关关系。Sabatier 等以医药行业为例，对能够改变行业主导逻辑的破坏性商业模式的特征进行了探索性研究[26]。Ratiu 和 Molz 则对跨国公司如何应对不同社会经济系统下形态各异的主导逻辑问题进行了探讨[150]。Brännback 和 Wiklund 还将主导逻辑的概念引入市场营销研究领域[17]，探讨互联网革命对营销主导逻辑的挑战。Eltantawy 和 Giunipero 则将主导逻辑应用于战略采购的研究中[151],对战略采购的主导逻辑——战略采购中心性与组织绩效的关系进行了实证分析。

近年来，对主导逻辑的研究也逐渐引起了国内学者的关注，学者们纷纷引入"主导逻辑"的概念并进行介绍。项保华和罗青军基于复杂环境与战略选择之间的关系，论证了主导逻辑与规则的本质内涵与区别，并提出了一个基于主导逻辑和规则的战略循环的框架及运行机理模型[152]。黄旭等对战略变革的主导逻辑进行了相关概念与思维观念界定的研究，构建了战略变革主导逻辑范式分析框架[9]，提出了四种战略变革主导逻辑范式。韵江和鞠蕾在对组织战略生成机理的研究中，将主导逻辑的松弛视作新战略发动的传递机制[153]。此外，还有大量研究应用了主导逻辑的概念作为重要变量。

通过对已有研究的回顾可以看出，尽管主导逻辑的重要性和对组织绩效的影

响得到了研究证实，其对于战略管理、组织理论、营销等其他管理研究领域的解释能力也得到了普遍认同。但目前这方面的研究仍然存在以下局限：一是对于"主导逻辑"概念的具象化、操作化的研究仍然不够，而对于什么是主导逻辑、构成要素等问题仍然缺乏清晰、一致的认识。对于主导逻辑概念的操作化，Prahalad 和 Bettis[10]在提出主导逻辑的概念时便呼吁后续研究应该着重关注主导逻辑的具体操作化及以此为基础探究具体企业或行业的主导逻辑具体表现如何的问题，而这也正是解释企业绩效差异根本原因、企业发展基因等主导逻辑应用研究的基本前提。二是囿于上述现状和问题，学术界对于主导逻辑对组织决策、行为、能力和绩效的影响机制和过程机理等也依然缺乏关注。三是对于中国情境下企业的主导逻辑、特征等缺乏深入研究，而中国情境下企业的主导逻辑、特征等无疑是有重要价值的。

本书认为这种困境主要是由以下两方面造成的：第一，目前对主导逻辑的研究，在工具和分析方法上有一定的难度，无统一性的方法作为指导；第二，主导逻辑的研究本质属于管理认知的范畴，在资料获取上存在较大困难，存在资料客观性较低等约束性的问题[10, 32]。因此，我们的研究中针对复杂产品系统企业主导逻辑及其影响机制，通过多种渠道来进行研究资料的获取，并将多种分析方法加以结合，以此来提高研究资料的可靠性及分析方法的有效性，进而推进和丰富中国情境下主导逻辑视角的管理研究。

2.5　情境的视角看本土管理

所谓情境，是指存在于组织内外部的各种现象或刺激因素，它与现象有关并有助于解释现象的周边环境。越来越多的学者开始意识到管理理论研究情境化的重要性和必要性。Whetten 指出，知识可以划分为随情境变化的"情境限定知识"（context-bounded knowledge）与不随情境变化的"普遍知识"（general knowledge）[154]。管理学作为一门社会科学与自然科学相比，获得普遍性知识的机会较少，即在某一特定情境下得出的管理理论、模型、结论在其他情境中未必能够有效。此外，在经济形态不同的国家，或是在不同的组织情境下，人们的行为反应、企业能力和组织结构等存在显著差异[22, 23, 155]，舶来理论在研究本土管理现象时解释力不够。目前存在的一种套用已有理论来研究本土管理现象的偏好正越来越受到诟病，基于此，我们选择情境的视角研究本土管理问题，基于中国装备制造业面临的具体情境开展深度情境化研究。

2.5.1　本土管理实践的独特性呼唤情境化研究

转型经济国家发展迅速，文化背景多样化，使得其在发展过程中会衍生出复杂多样的商业生态环境及经济氛围，从而催生出不同类型的、有趣的经济和商业现象，为管理研究者提供了在新的市场情境下检验和发展西方管理理论的机会和研究样本[156]。由于转型经济国家在全球经济发展中占据着愈发重要的地位，而且众多西方跨国企业开始在转型经济国家开展本土化经营，所以在转型经济背景下，深刻理解管理理论内涵和管理实践的特征规律成为当务之急[69, 157]。转型经济也因此成为近年来经济学和管理学领域的研究关注热点之一。

在以往的研究中，套用西方发展起来的理论框架在中国进行演绎性的研究主导了中国的管理研究领域，这种研究的主要成果是验证了已有理论或者对其情境性边界进行了延伸研究，但这样的研究往往对已有理论的发展贡献较小，因为西方的理论框架有其自身的情境，与当时西方独特的政治、经济和社会背景密切相关。由于缺乏对中国特定情境的发掘和理解，在套用西方管理理论指导中国企业实践时，不断出现"西方理论逻辑与中国管理现象的悖论"[158]，解释力弱的问题日渐突出。

苏敬勤和刘静曾经在《南开管理评论》发表了一篇有关中西方并购潮动机的文章[158]，研究选择了 2006~2011 年 78 篇西方一流学术期刊上有关企业并购的论文和当今中国十个具有影响力的企业跨国并购案例的公开资料作为研究样本，对所得文本资料进行内容分析，比较西方理论与中国企业对并购动机认识的异同。研究发现，虽然二者都着重从资源基础理论考虑企业并购的动机，但西方理论强调有效利用企业的管理能力、管理经验和品牌资产等无形资源，而中国企业强调获取外部知识产权、管理经验、技术、品牌和销售渠道等资源；行业冲击理论对中国企业并购动机的解释度高于西方理论，西方理论考虑的是竞争压力和利润，而金融危机和产业整合对中国企业并购的影响更明显；市场势力理论和交易费用理论对西方理论的解释度高于中国企业，西方理论较为强调企业为实现市场垄断和建立市场网络中心地位进行并购，而中国企业比较弱化地强调市场领先的并购动机。这一研究结果有力地证明了用于解释西方管理现象的盛行理论在对中国同类管理问题的解释度上可能会大打折扣，甚至可能难以解释中国独特的管理现象，因此必须考虑中国企业所处的内外部情境，才能给出更合理的解释，在促进理论创新的同时为本土企业"对症下药"地提供管理建议。

基于此，在中国情境下研究中国企业的管理问题，构建适用于中国企业的管理理论已成为近年来管理学界的热点和焦点议题之一。以 Tsui 教授为代表的众多国内外学者在各类场合反复倡导注重情境因素对管理理论构建的影响，并受到国内学者的广泛响应。以 2007~2012 年国家自然科学基金委员会管理科学部工商管理学科的资助项目为例，以情境作为主题词和题目的项目就多达 43 项。Tsui 还倡导在新情境下开展高质量的本土研究[159]，在特定动态环境鉴别和理解对本土企业、管理者及雇员来说独特或至少重要的问题，然后将中国情境与其他情境进行对比，而且这种情境化研究具有非常大的贡献潜力。

回归现实背景，经济和商业活动全球化的蓬勃发展，中国本土企业在国际市场中扮演着越来越重要的角色，中国本土企业迫切需要切合本土管理实践与情境的知识来指导自己和武装自己。前言中对转型经济背景下中国本土企业管理实践的独特性进行了阐述，这些独特的情境使得中国本土企业许多关键的战略要素及其他诸多的管理实践都有别于西方企业。要探究对中国管理现象的恰当理解和解释，必然要求学者在研究中充分考虑情境因素，设计并实施情境嵌入式和情境特定式的管理研究[34]。情境嵌入式研究是指将国家或区域层次的特征差异纳入考虑，作为自变量或调节变量，从而对其进行理论化；情境特定式研究是指通过拓展已有构念的概念和测度及展示情境变量，来设定特定情境边界，并在该边界内进行理论构建，从而得出情境特定的知识。

2.5.2　本土管理的情境化研究现状

情境化研究将中国管理实践作为本体[160]，从情境视角出发对中国企业管理实践加以深入剖析和解读。随着国内学者对本土管理问题的日渐重视，学者在呼吁全面开展本土管理研究的同时，提倡充分考虑中国独特的政治、文化等情境要素对中国企业实践的影响，从而能补充和完善现有的西方管理理论。如何通过本土情境化研究，对中国管理实践进行解释和指导，成了很多本土学者关注的另一个热点，对中国企业实践情境化的探索和研究也越来越多，学术界逐渐形成了本土管理研究的情境视角。总体来看，情境视角下的中国本土管理经历了"聚焦情境—情境利用—情境融入"的发展历程。

1）聚焦情境

情境是指组织内外部存在的各种现象或刺激因素[161]，"情境化"是指将研究对象置于一定的情境中[162]。Tsui、Li 等对情境化研究的内涵、类型及根源进行了深入的探讨，呼吁中国学者积极开展本土情境化研究。Li 等提出"中国情境"具有双重含义：①一种区位概念，具有制度、法律和经济环境独特性并会影响企业运营；②一种文化属性变量，超越地理和边界，即对不同文化背景的员工之间理解、接受、互动的行为、信念、假定和价值的范式[163]。林海芬和苏敬勤认为中国情境的特殊性本质上源自中国传统整体性思维方式，并将中国企业情境因素概括为制度、市场和社会三种情境类型[164]。

学术界逐渐认识到在进行本土管理研究时考虑情境因素的必要性,并对其思路和发展方向进行了探讨和研究。秦宇等提出"适度非平衡"策略从而促进本土情境化理论的构建[165];韩巍指出广义的政商关系、行业规则和组织实景是中国本土管理研究不可规避的情境要素[166];井润田和卢芳妹则鼓励从管理的异质性方面来更好地发展本土理论、模型与体系,深入探讨中国的管理实践[167];任兵和楚耀提倡从现象驱动和理论—启发两条路径来深化情境化的中国管理理论[168];梁觉和李福荔认为可以从发展创新理论、开展单一或跨文化本土研究、进行动态协同的跨文化研究三个方面来推进本土管理研究的发展[169]。

2)情境利用

不少研究从单纯的聚焦情境,开始尝试利用情境开展研究,从而进一步加深本土情境化研究的进程。有研究提出中国本土情境化研究经历了"情境钝感—情境敏感—情境效应"的发展历程[170],苏敬勤和张琳琳提出的聚焦现象分析的有限情境化是学术界采用最多的方式[162],中国的情境化研究呈现出从直接利用西方理论,到关注现象的有限情境化研究、关注现象的深度情境化研究,再到关注情境深度的情境化研究、关注情境的有限情境化研究的发展历程。总结来看,在聚焦情境研究的基础上,大部分的研究集中于本土管理现象中西方管理理论的应用或验证,在研究过程中引入必要的情境要素加以分析,带有强烈的现象驱动色彩。例如,以转型经济为背景对中国企业的创新行为、企业战略等现象层面问题展开的研究[171, 172],仍是西方现存理论在中国新情境下特殊现象的诠释和解读。

同时,从本土情境化研究的研究范式、方法论及意义等出发,也涌现出了众多情境利用的研究成果。苏敬勤和张琳琳认为情境化研究在方法论上可能呈现两种截然不同的趋势[173]:一种是为保证研究科学性而回归定量方法;另一种则是发展更为定性化、本土化的质性方法。陈春花等则强调本土研究应该回归本质[174],采用科学规范的研究方法,深入地观察中国本土的管理实践。部分学者围绕扎根理论、案例研究等具体方法展开讨论,涌现出 4P(product、price、place、promotion,即四大营销组合策略)方法论等方法论实践探索,同时也伴随着对单纯实证方法的思辨和批判,提出仅靠实证方法无法开展真正意义上的中国本土管理研究[175]。

3)情境融入

部分研究开始认识到以现象分析为基础开展情境化研究成果难以普适化,于是尝试在现象分析的基础上将现象构念化,真正作为情境要素来开展研究,关注现象背后的情境原因,同时将情境构念融入本土现象,尝试发现中国特殊情境下的新构念,如关系[176]、家长式领导[177, 178]、差序格局[179]等,并在新构念基础上探索性地进行构念之间的逻辑关系研究,进一步扎根于本土情境开展研究,更关注本土情境是否可为研究提供全新的方法和素材[167],采用情境化的理论和方法。情境融入更强调科学性的研究方法和适格性,兼顾中国特殊的管理情境,与中国本土实践一致，在解释中国问题方面取得了初步成效。

　　本土管理情境化研究的三个阶段对情境的理解逐渐深化（表 2.5），从现象驱动到情境驱动，由分离式的研究逐渐到情境融入式的研究，对于情境如何影响作用于本土管理实践从更深层次进行了解读。但需要指出的是，这三个阶段的特征在目前国内学术界的研究中是并存的，并且大多研究成果对情境的理解还处在前两个阶段，深度情境化的研究虽然具有更高的理论贡献，但相关成果目前寥寥无几。

表 2.5　情境视角下本土管理研究发展阶段及特征

项目	阶段一	阶段二	阶段三
特征归纳	聚焦情境	情境利用	情境融入
阶段特征	认识到外部情境要素重要性，尝试探讨本土情境化的内涵和方向等	多是西方理论在中国情境下的应用和解读，即现象驱动下的情境利用	尝试发现中国情境下的全新构念，并发现构念之间的逻辑关系
代表性研究	内涵、必要性等	转型经济等	面子、关系等
发展历程	聚焦情境 → 问题发现 / 必要性 / 情境要素	情境利用 → 本土现象 / 现象驱动 / 西方理论	情境融入

2.5.3　我们要开展的本土情境化研究

　　国内有关情境化的研究呈现出明显"碎片化"的特点，情境因素散乱并带有研究者强烈的主观性。因此，应该视研究问题的需要将情境因素"瘦身"，抓住有限的几个本质情境化因素进行规律化的研究。我们开展本土情境化研究的第一步是对影响中国装备制造企业主导逻辑的关键情境因素进行归纳，将研究进一步聚焦在制度地位、技术复杂性和市场集中度三种关键情境因素对主导逻辑的作用机理上。

　　为了从更本质的角度理解中国装备制造企业的战略行为，本书选用主导逻辑的概念刻画战略行为背后的认知结构，并结合具体情境对主导逻辑的概念进行更加明确的阐释，并形成本土化的"身份标签"，具体而言，本书识别了三种本土情境下装备制造业的主导逻辑类型，即"技术归因"逻辑、"标杆追赶"逻辑和"差序差异"逻辑。

　　到这个阶段情境和本土现象的研究还是分离的，因此本书进行了第三部分的研究，将三种关键情境因素融入三类主导逻辑的形成过程中，探讨不同的情境因素在主导逻辑的形成过程中到底发挥着怎样的作用，继而在分别讨论的基础上从一般层面进行归纳，加深读者对本土情境和企业主导逻辑的理解。

在具体操作层面上，情境并不是孤立存在的，情境因素往往需要从大量翔实的政策文件、行业报告、企业家讲话、企业创新事件等材料中提炼，而案例研究方法为开展情境化研究的理论和现实之间搭建了桥梁。

从研究目的的角度划分，案例研究主要有三种类型，即描述性案例研究、验证性案例研究和探索性案例研究。其中，探索性案例研究方法是一种用于构建新理论的方法和工具[30, 180]，特别适于研究特定情境下变量间的关系[181]。最合适的方法通常是单案例研究，即以单个案例为研究对象的一种方法。因其更适于捕捉和跟踪管理实践中所涌现的新现象和新问题，能够和适于对具体情境下的典型性案例进行深度解剖和分析，从而洞悉和展现现象发展的全过程，并揭示其规律和本质[182]。

鉴于我们的研究目的是探索中国装备制造企业的主导逻辑的概念内涵，归纳其情境影响因素，并揭示其生成机理，结合转型经济这一特殊背景下管理理论的发展状况，同时也是避免将以西方经济下先进企业为研究对象的已有管理理论生搬硬套到本土转型经济中引起研究误差，本书主要使用探索性案例研究方法，以期得到兼具情境化和普适化的理论结论。同时，针对具体的研究问题，我们辅助运用扎根理论归纳情境影响因素，借助认知地图对案例企业的主导逻辑进行识别，采用多案例对比分析归纳情境因素对主导逻辑形成的作用机理。多种工具的混合使用是为了保证研究过程更加规范，研究结果更加可靠。

2.6　本章小结

本章从两种战略管理理论思想、转型经济下的企业战略理论研究、装备制造业行业概述及技术特征、认知视角下的企业战略管理研究、情境化的视角看本土管理五个角度对相关文献进行综述和分析。首先，沿着战略逻辑内涵的演变这一主线，对战略管理理论历史演变过程中的几种战略理论思潮进行梳理，发现现代战略管理理论主要经历了由"以竞争对手为中心"的传统战略管理理论向"以顾客为中心"的新战略理论视角的演变，这是本书审视企业战略行为和最后高度凝练中国装备制造业主导逻辑类型的理论基础，进而从概念内涵、环境特征及其对企业影响等方面对转型经济下中国本土企业战略行为的研究现状进行梳理和评述，发现在市场维度和制度维度下的转型经济与以西方为代表的成熟经济均存在较大的差异，具体到中国，更是体现出"因企业而异"的现象。其次，对装备制造业的产业特征、技术特征，尤其是本书关注的细分对象——复杂产品系统的相关研究进行回顾，发现技术特征维度是刻画该类企业所处情境的重要维度之一。再次，本章从认知视角综述了战略管理认知的相关研究并对本书的关注核心——主导逻辑与战略绩效、行为之间的现有研究进行了回顾，为下文进行主导逻辑的研究及理清理论贡献打好基础。最后，本章从情境化研究的视角综述了理论界对关注本土情境的呼吁及研究现状，并简单阐述了本书开展情境化研究的思路。

第3章　装备制造企业主导逻辑的影响因素研究

本章的研究目的是在文献回顾的基础上，从管理认知视角归纳和分析装备制造企业主导逻辑的关键影响因素，换言之，就是要分析出装备制造企业在核心业务经营和战略管理过程中的管理认知主要关注哪些外部情境因素。主要的研究思路：首先，根据认知理论和情境理论构建研究框架。其次，选择典型装备制造企业，基于单案例研究数据，运用扎根理论析出影响装备制造企业管理者在战略管理中关注焦点的外部情境因素。最后，结合对文献的回顾，回归案例情境，对影响装备制造企业管理认知的外部情境维度特征进行分析。

3.1　研 究 设 计

3.1.1　研究框架构建

在装备制造企业主导逻辑的影响因素研究中，引入认知理论中有关认知关注焦点的相关理论和情境相关理论作为理论基础。

外部环境对于企业战略行为的影响，历来都是战略管理研究的关注重点。不同特征属性的环境对企业战略行为具有不同程度、不同方式的影响，如"不确定性环境""动态环境""动态复杂环境""复杂环境"等。在学者看来，对于企业来说，环境是指"存在于企业边界之外的，对组织的部分与整体发挥着潜在或实际影响力的所有情境要素之和"[183]。换言之，环境是存在于组织之外的，同时对企业发挥着重大影响力的因素，包括企业所处的经济环境、政治环境、技术环境、社会文化环境、自然资源环境等[184]。战略管理理论对环境影响的研究主要关注两个层面：一是将环境作为自变量，研究不同类型属性的环境如何对企业战略产生影响，如技术环境、制度环境等；二是关注企业环境特征如何对企业战略产生影响，如环境动态性的影响。

　　本书关注的是转型经济和装备制造行业这两种环境结合下所塑造出的特殊情境，首先要做的就是对中国转型经济环境下的装备制造行业这一情境概念进行内涵的界定。在已有理论回顾部分，本书已经对转型经济和中国装备制造行业两大情境的概念内涵和特征进行了详细阐述，发现现在这方面的研究还较为粗放，仅能够得出制度、市场、技术这样的维度层面的结论。同时，本书所关注的，是转型经济和中国装备制造行业的情境特征对企业主导逻辑的影响，可能与以往研究对于战略行为和组织能力影响的研究结论、侧重点等不同。

　　鉴于此，本书采用案例研究方法和扎根理论，对影响中国装备制造企业的情境特征维度进行质性归纳。主要逻辑是，企业高层管理团队在企业战略决策过程中主要关注的环境要素，即对于外部环境的"认知关注焦点"便是企业主导逻辑的情境影响因素[32]（图 3.1）。

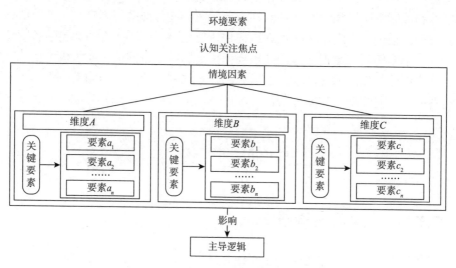

图 3.1　主导逻辑影响因素研究框架

3.1.2　案例企业选择与数据搜集

1）案例企业选择

　　案例选择遵循典型性原则[180]，选取大连机车作为案例研究对象。案例对象的选取主要基于以下两方面的考虑。

　　首先，大连机车作为国家重点大型装备制造企业，目前具有年产各类机车 600台、城轨车辆 300 辆、柴油机 500 台的能力。大连机车无论是从经营范畴、经营规模还是技术水平方面，都能够代表中国装备制造企业的先进发展水平，是我国机车企业的领头羊和样板，其设计制造的机车是我国铁路历次提速的主力机型，因此大连机车能够充当案例研究对象，代表典型的中国装备制造企业。

其次，大连机车成立之初从事的是简单的蒸汽机车修理和改造，后来成功研制了我国第一台蒸汽机车，在此基础上，大连机车研制出了我国第一批内燃机车，并成为中国铁路提速机车的研制主力，现在大连机车还涉及电力机车的研制。可以说，大连机车见证和参与了我国铁路机车技术从无到有，从零到追赶世界先进水平的发展过程。其技术发展实践和轨迹不仅能够代表我国机车企业，而且能够丰富地再现我国机车行业整个技术追赶历程，与本书关注的主题十分契合。

最后，大连机车成立于 1899 年（大连建市），至今已有近 120 年的发展历史。在漫长的发展过程中，大连机车在技术、制度和市场等方面均面临着错综复杂的外部环境，并且经历了打破技术封锁、国家体制改革、市场经济形态转变等一系列外部环境的转变，在这个过程中大连机车一直关注的环境焦点更能够代表影响企业主导逻辑的关键情境因素。

2）案例企业介绍

大连机车始建于 1899 年，是中国北车股份有限公司的全资子公司，最早从事蒸汽机车修理和改造，发展至今已成为一家大型轨道交通设备制造企业，其产品范围覆盖机车车辆配件产品（包括大功率中速柴油机等）、内燃机车、电力机车、城市轨道车辆，并提供内燃机车修理（改造）服务；大连机车提供的产品和服务面向的市场覆盖我国铁路、油田、港口、大型电力、化工、冶金和矿山企业，并积极推进"走出去"战略，产品出口缅甸、伊拉克和新西兰等诸多国家和地区，在国际市场有较高知名度。此外，大连机车拥有一个国家级企业技术中心，是我国机车行业的支柱企业和机车发展史的见证者。

中华人民共和国成立以来，大连机车先后进行了六次大规模技术改造，从一个只能从事蒸汽机车简单修理和改造的老厂，逐步脱胎换骨蜕变为一个具有独立研制世界先进机车能力的现代化复杂产品系统企业。在 21 世纪之前，大连机车就在产品和技术方面取得了许多突破。1953 年，大连机车成立了我国第一个机车设计科，成为我国第一个机车设计主导厂和铁路动力装置的主要设计开发基地。1956年成功研制下线我国第一台干线蒸汽机车——和平型机车。1958 年成功研制巨龙型机车，这是我国第一台内燃机车，填补了我国该领域的空白。1965 年是大连机车的重要转折点，其业务重点由制造蒸汽机车转向内燃机车，成立我国第一个内燃机车制造厂。1969 年，东风 4 型大功率内燃机车被成功研制。这一型号机车于1974 年开始批量生产，标志着我国具备了大功率内燃机车的设计制造能力。1986年，4B 型内燃机车进入批量生产阶段，结束了我国机车需要大批进口的历史，该车型也荣获国优金奖。1996 年，东风 4D 型内燃机车研制成功并被大批投放到铁路市场，成为我国前五次铁路客运大提速的主力机型。

历经几代机车人的不懈努力和自主创新，大连机车设计制造了 50 余种不同类型的机车，在我国铁路客货运输的主要车型中占据极高的比例，总产量（total product，TP）占全国同类产品保有量的一半以上，服务于中国所有铁路局，装备几十个机务段，进入电力、化工、港口等大型企业和地方铁路市场。大连机车被国家领导人誉为"机车摇篮"，近几年的主要发展成就如图 3.2 所示。

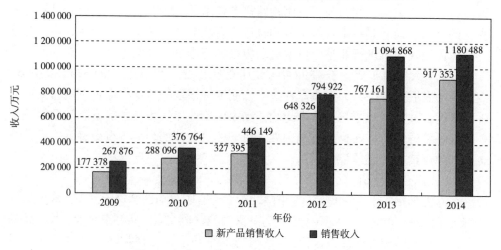

图 3.2　2009~2014 年大连机车销售收入情况

近几年，国家大力推进铁路装备现代化建设，大连机车紧紧抓住历史机遇，"引进先进技术，联合设计生产，打造中国品牌"，与多家国外知名企业建立合作关系，同时承担了两大产品（内燃机车和电力机车）的引进消化吸收再创新项目。作为铁路货运提速的主力机型，和谐 D3 型 7 200kW 大功率交流传动电力机车、和谐 N3 型 4 400kW 大功率交流传动内燃机车相继投入批量制造。此外，诸如 9 600kW 大功率交流传动电力机车等一系列具有完全自主知识产权的世界先进产品也将在中国铁路上运行。

为了开拓城轨车辆市场，大连机车还自主设计制造城市快轨交通车辆，相关产品已达到国内先进水平，形成新的支持业务。2002 年大连机车成功开发研制了我国第一列具有自主知识产权的城市轨道车辆，该车采用国际最先进的 VVVF 交流传动技术，编组为两动两拖，最大运行时速为 100km，已经在大连市各城区间运营。2006 年底，大连机车承接了沈阳地铁 36 辆地铁的采购合同，采购车辆将用于沈阳地铁一号线及延长线。2008 年 9 月，大连机车参与了天津地铁项目投标，并一举拿下 138 辆地铁采购订单。

柴油机是大连机车具有自主知识产权的核心产品。通过技术引进和自主创新，公司推出了四大产品系列（240、265、270 和 280），功率涵盖 1 000~7 000ps 不同等级，主要性能指标在国内大功率中速柴油机中占据领先地位，达到国际先进水平。在装备内燃机车的同时，大连机车不断拓宽应用领域，向船舶市场、发电机组市场和工程机械等多个市场推进。2005 年以来，大连机车与多个企业签订了船用柴油机及其配套设备供货合同。

经过近百年的发展，大连机车形成了丰富的产品种类（图 3.3）。

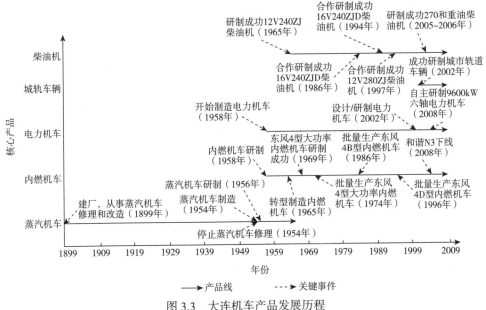

图 3.3　大连机车产品发展历程

3）案例数据收集

Yin 在其研究中指出[31]，作为案例数据收集的有效切入点，在已有理论文献基础上提出理论命题，可以有效提高数据收集的效率和精度，不至于使研究者陷于庞杂的海量数据而错失得出准确结论的机会。基于此，在数据搜集过程中以管理认知理论、战略管理理论为理论基础，探究转型经济背景下的中国复杂产品系统企业创新发展和管理行动的内在认知逻辑、规律，首要关键是复杂产品系统企业高层管理团队共享管理认知、认知模式的关键要素。

Yin 建议在案例研究中遵循以下几个标准：①构念效度。在数据收集阶段，应该用一套客观、正确、可操作的标准来测量相关构念和变量，案例研究的构念效度可以由以下两种途径确保：一是建立完整、有效的证据链连接研究问题与研究结论，对数据收集过程进行详细说明[31]；二是通过采用多种类型的数据进行三角验证[30, 180]。②内部效度（或逻辑效度），即数据分析过程中的推导是否符合逻辑和正确的因果关系。内部效度主要由三种途径确保：一是构建清晰、明确的研究框架；二是变量之间模式匹配的构建[180]；三是多角度论证[31]（理论三角）。③外部效度[30]，即通过案例研究方法所得出的研究结论能够在多大程度上具有理论普适性。

基于这些标准，我们制定了数据收集阶段应遵循的原则：

（1）数据来源的多样性。本书使用了尽可能广泛、多样化的数据收集方式，包括实地调研与半结构化访谈、现场观察、焦点小组讨论、电话采访，以及查看企业档案、备忘录、企业文件及参考文献等。同时基于 Prahalad 和 Bettis 对于管理认知研究策略的建议[10]，即"鉴于人的心理认知特性，单一的深度访谈方法难以真正获得其真实面目"，我们将半结构化访谈、现场观察和查看企业档案等数据收集策略紧密结合。通过年鉴等文档资料获得企业重大战略调整、里程碑事件等描述企业发展轨迹的数据，翔实而具有系统性；利用半结构化访谈获得重要细节、决策过程、认知心理过程等数据，弥补文档资料的不足。在半结构化访谈中，采用自上而下的访谈策略，先访谈大连机车的战略层高管，然后访谈执行层，特别是技术研发人员。为了获得完整的技术发展纵向数据，我们还以非正式访谈的方式采访了已退休的历任厂长、老员工，特别是参与了大连机车历次里程碑事件、技术引进活动的技术研发负责人。为了获得时间较为久远的前期发展相关数据，我们还采用了查找图书馆资料、企业档案、年鉴，以及网络数据挖掘等方式。笔者所在的调研团队包括一位教授、两位副教授和三名博士生，研究团队先后与大连机车的多位中高层管理人员进行了半结构化访谈，平均访谈时间为 1.5 小时，访谈情况如表 3.1 所示。此外，调研团队多次在公司总工程师和其他人员的陪同下到大连机车进行现场观察，包括参观生产车间及机车组装和维修现场，因此对产品制造等环节有深度了解。调研团队全面收集了原铁道部（2013 年 3 月拆分为国家铁路局和中国铁路总公司）大连机车车辆工厂志（1899~1987 年）、大连机车统计年鉴（1989~2014 年）、大连机车技术创新情况汇报 PPT 文稿（2012 年 11 月）及 20 余份技术项目可行性研究报告等相关资料。

表 3.1　大连机车访谈情况

访谈部门	人数	访谈对象职位	访谈时间	关注内容
董事会、经理层	5 人	董事长、总经理、副总经理	分 3 次共约 5 小时	公司发展历程、里程碑事件、战略性问题、机车板块发展等
柴油机分公司	4 人	总经理、副总经理、总工程师	3 小时	柴油机板块发展历程、技术创新细节相关问题
城轨分公司	3 人	副总经理、科室主任	3 小时	城轨板块发展历程、技术创新细节相关问题
规划发展部	2 人	部长、副部长	1 小时	公司行业背景、地位、未来规划等
技术开发部	2 人	部长、副部长	分两次共约 4 小时	技术发展历程、相关细节、关键事件等
退休人员	3 人	职工	共约 3 小时	大连机车从中华人民共和国成立至改革开放的发展历程及关键事件

（2）案例研究资料库的完备性。笔者基于数据搜集的前中后阶段建立了资料库，包括数据搜集前期为访谈准备从已发表论文和公司网站及其他互联网途径搜集到的企业公开资料及基于此设计的访谈提纲；数据搜集过程中，在得到被访人许可后对访谈过程进行录音和现场笔录，这些原始资料被分文件夹保存；访谈结束后，对访谈录音进行转录，同时向企业索取相关的内部文档等。将上述资料进行分类整理，分文件夹保存以供下一步数据分析准备。

3.2 数 据 分 析

本章主要解决转型经济下中国装备制造企业主导逻辑受哪些情境因素影响的问题，采用扎根理论，通过对获得的一手和二手数据进行编码，从而构建相关模型和理论。在数据分析过程中，我们严格遵循归纳逻辑，自下而上，螺旋式提升概念及概念间关系的抽象层次。数据分析过程主要包括开放式编码、轴心式编码和选择式编码。

3.2.1 开放式编码

开放式编码是指对原始数据进行概念化、范畴化的过程，要求研究者不持任何偏见和理论成见地进入研究情境，在打乱的、碎片化的资料基础上，重新概念化现象，以实现明确现象、界定概念和发现范畴为目的[185]。其基本程序可以概括为"现象概念化→范畴界定→范畴命名→范畴属性与维度挖掘"。开放式编码过程就像一个漏斗，原始资料被逐级缩编，登录范围不断收敛。为了保证编码过程的信度和效度，我们制定了以下原则：①保证登录过程的严密性和细致性，不遗漏任何信息，不放过任何新的现象出现的可能，直至编码饱和；②尽量保证原始资料的"本真"，如多使用原话概括现象；③编码过程由三个或三个以上人员操作，编码人员必须对研究主题和目的深入了解，研究者全程指导和监督编码人员编码过程。

开放式编码的操作由重点课题组的三位成员完成，具体步骤：①三位编码人员对相同的原始资料进行归类，并计算相互判断同意度。②准备四份前测样本，先由三位编码人员进行一次操作。③对所得前测编码结果进行计算。其中，计算依据借鉴 Strauss 和 Corbin 采用的相互判断同意度及信度公式[185]。

$$R = \frac{n \times \bar{K}}{1 + (n-1) \times \bar{K}}, \bar{K} = \frac{2\sum_{i=1}^{n}\sum_{j=1}^{n}K_{ij}}{n \times (n-1)}(i \neq j), K_{ij} = \frac{2M}{N_i + N_j} \qquad (3.1)$$

其中，R 为分析者的信度，n 为参与分析人员的数量，$\overline{K}$ 为分析人员平均相互判断同意度；K_{ij} 为分析人员 i 与分析人员 j 相互同意度；M 为分析人员 i 与分析人员 j 意见一致的项数；N_i 为分析人员 i 做出分析的总项数；N_j 为分析人员 j 做出分析的总项数。根据表 3.2 计算，本次编码相互判断同意度为 $\overline{K} = \dfrac{0.802 + 0.791 + 0.865}{3} = 0.819$，分析者的信度为 $R = \dfrac{3 \times 0.819}{1 + 2 \times 0.819} = 0.931$，信度>0.8，说明本次不同编码人员归类的一致性较高，可正式进行编码工作。

表 3.2　编码相互判断同意度

编码员	编码员 1	编码员 2	编码员 3
编码员 1	1	0.802	0.865
编码员 2		1	0.791
编码员 3			1

在开放式编码阶段，通过对采集到的资料进行分解与提炼，从资料中抽象提炼出国家政策的影响、市场采购模式、企业控制权、产品用户属性、用户技术创新引导等 112 个概念。对这些概念进行深入比较后，按照概念间的相互逻辑关系，将 112 个概念归纳为 32 个范畴。表 3.3 为部分开放式编码的结果展示。

表 3.3　部分开放式编码的结果示例

典型引用	初始范畴
国家政策影响比较大，如铁路的发展规划，……是一个方向性指引	国家政策的影响
整个采购始终还是属于计划经济的模式，虽然 2001 年从铁道部分离出来，但铁道部（中国铁路总公司）现在还仍然有系统的观念	市场采购模式
事实上，控制权还是在铁道部，没有下放	企业控制权
我们的产品铁道部还是占一大块，除了城轨是完全独立的，包括柴油机也是独立的，是一个市场经济概念，但是对机车而言可能并不完全是一个相同概念	产品用户属性
竞争主要是在（铁道部重点扶持的）四家企业之间。这个推动作用也是我们看中的，它会引领技术发展。只要我们拿到铁道部项目，必定全力以赴做好	有限竞争
最终要落实到具体的参数上，谁用这个车，这些目前是由科技司负责。原来那么做也有好处，就是短平快，比如，需要什么样的车，就组织一帮人把参数定出来，包括我们也在参与，参数做出来之后，大家都按着参数做，谁先把车做完运行试验，就批量购买	竞争模式
技术创新这块，原来一直由装备部负责，现在加机务部负责，通过"谁买车"引领技术创新	用户技术创新引导
中国（用户）追求外观上震撼式的影响力，……车跑得要动感，颜色要协调。欧洲比较重实用性。……重载方面，美国和澳大利亚比较典型，……中国的大型列车则是两台八轴车，牵引两万吨	需求特征
这几个企业拉到同一水平线上，拼的是组合集成能力，技术相对成熟，是在交流平台下的派生车，要做的是平台化	平台化发展模式

续表

典型引用	初始范畴
我们要积极向铁道部汇报，争取由先核定利润目标后落实政策，变为先落实政策后核定利润目标，这样才能既落实政策又完成目标，不为企业带来后患	上级政策管控
要细耕国内铁路市场，紧紧盯住铁道部相关政策，做好投标工作	订单保障
全球机车车辆市场告别短缺经济时代，大连机车要想继续发展，就必须到国际市场去寻求新的"奶酪"，与巨人同行，借梯登高	需求变化
比的是怎么快的应对市场，比速度，比技术的深入，对技术的理解，消化理解的程度，出现问题，能否很快解决	竞争关注点
2010 年，我提出一个观念，机车这块后续的发展要走差异化，（要求）我的性能比你好些，我的功能比你优越一些，我的质量比你更可靠些	竞争方式
铁道部会引领国内机车技术发展，比如说这个交流化问题，没有铁道部推十年八年是不可能发展到这个程度的	双重角色
HX9600KW 型这种技术引进模式付出的代价太大！虽然收获也很大，但是不管买的什么东西，包括这个图纸，都要付出很大代价，而且研制过程中我们自己又引进了几样东西，包括风机、联动器，等等	技术引进的代价
老实讲，（HX9600KW 型的研制）在当时来说难度是特别大的，因为你实际是从零开始，以前的很多技术用不上	技术基础
在经营管理理念方面，我们自己叫做"技术立企，质量取胜"。把技术放在最前沿，机车一直对技术还比较看重，现在来说叫复杂的机电一体化产品，没有技术，企业就不能生存	技术立企
我们也和海军谈过合作生产船用柴油机，但这个项目涉及的技术难度较高，仅靠我们厂还定不下来。总之，我们的思路是利用我们的优势部件搞联合开发	技术难度
该机车以 GKD1A 型内燃机车为基础设计，满足印度电钢综合有限公司（EIL）当地条件要求，主要技术难点是在较低的限界要求下研制宽轨转向架	需求差异 技术难点

　　注：调研时间为 2012 年，此时铁道部尚未拆分，故保留原始资料中"铁道部"名称，下文采用同样处理，不再注释

3.2.2　轴心式编码

　　轴心式编码旨在探索范畴之间存在的逻辑关联。在轴心式编码阶段，我们按照 Strauss 和 Corbin 的观点，采用"条件-行动-结果"这一编码范式来建立开放式编码阶段初始范畴之间的联系[185]。所谓"条件"特指现象所发生的情境，"行动"则指针对该情境研究对象所做出的策略性反应，而"结果"则是指行动所引致的实际后果，如开放式编码形成的"技术基础""技术引进""技术学习"可以在范式模型下整合为一条"轴线"：鉴于大连机车在新型机车研发方面技术基础的薄弱性，新车型的研制任务必须通过从国外引进先进技术，而要掌握这些技术同样要求有一定的技术能力，薄弱的技术能力要求企业必须通过技术学习来真正消化、吸收和掌握引进的核心技术。因此，这几个范畴可以整合归纳为一个新范畴——"技术后发性"。根据这种归纳范式最终得到八个主范畴，结果如表 3.4 所示。

表 3.4 轴心式编码结果示例

典型引用	初始范畴
订单保障、任务下达、隶属关系	政企关系
技术改造、行业监管、产业调控、政策影响	政府干预
国有企业、重点扶持企业、预算、管理者任免	所有权性质
有限竞争、行业竞争、竞争方式、竞争模式	竞争结构
研制一体化、系统集成、产品差别化、用户高度参与	产品特征、属性
核心用户、双重角色、需求特征、用户属性	用户特征
技术基础、技术封锁、技术引进、技术学习、技术获取	技术后发性
模块化、嵌入式系统、平台化发展模式、研发网络	技术复杂性

3.2.3 选择式编码

选择式编码是在轴心式编码的基础上继续发展更加抽象的类别，主要是选择核心范畴，将其系统地与其他范畴加以联系，并将之概念化和理论化。一般来说，选择式编码主要包括两种方式：一是从已有的子类别中选择；二是基于解释案例现象的需要，在更抽象的层面进行提炼。因此，在选择式编码部分，我们结合原始资料和案例情境，对轴心式编码部分得出的八个主范畴进行内涵与属性分析，如图 3.4 所示。

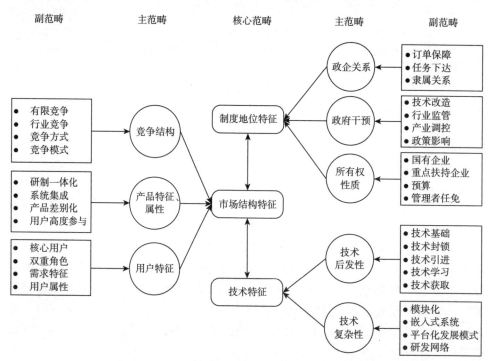

图 3.4 中国装备制造企业主导逻辑情境影响因素编码过程及编码结果

主范畴"政企关系"是指大连机车同政府之间的各种显性和隐性政治关系，包括企业所拥有的政治身份、所掌握的政治资源及政治关联等。由于大连机车特殊的国企身份、在行业中的市场和技术地位及机车行业在国家产业经济中的战略重要性等，大连机车在发展历史中一直拥有良好的政企关系，政治资源丰富，企业高层管理人员同铁道部、国务院等有关部门的领导也保持着良好的关系，这使得企业在订单分配、政策与资金扶持、创新支持等方面一直拥有优势。主范畴"政府干预"是指政府和铁道部等有关部门在行业监管、技术改造、产业调控、政策影响等方面具有很强的干预性。以技术改造为例，20 世纪 50 年代至今，大连机车先后经历了六次大规模技术改造，每次技术改造基本上都是由上级主管部门做出决策，并在改造过程中对改造规模、改造标准、资金来源等发挥强有力的影响。主范畴"所有权性质"是指大连机车的所有权属性，作为一家国有大型企业，其所有权属性十分明确和清晰，也因此决定了企业的制度地位。

主范畴"竞争结构"是指大连机车所处市场的竞争对手分布状况、竞争激烈程度及相对规模差异等。对大连机车而言，其所处的机车（轨道交通设备）行业属于国家严厉管控的高垄断性行业，市场准入壁垒较高，因此很大程度上属于有限竞争行业。与此同时，对于行业内已有的众多国有企业，国家为推动行业活力和自主创新能力，努力营造竞争氛围，通过重点扶持和订单招标等形式，鼓励行业内竞争。主范畴"产品特征、属性"主要是指大连机车核心产品——复杂产品系统的产品市场特征。大连机车所经营的核心产品在研制过程方面具有研制一体化和用户高度参与的特征，在技术上高度系统集成，不同企业之间产品差别化程度较大。由于其核心产品所拥有的技术特征，在市场方面，大连机车的另一个主要范畴就是"用户特征"，如用户核心化，铁道部作为核心用户，其订单占据核心业务的主要部分；核心用户铁道部具有用户和行业监管者、政策制定者等多重角色。

主范畴"技术后发性"是指大连机车在技术能力方面，相对于国外企业较为落后，技术基础较为薄弱，在很长一段时期内处于并仍将处于后发追赶的状态。主范畴"技术复杂性"是指企业所处行业领域的技术特征，机车属于典型的复杂产品系统，在技术上具有高度的复杂性特征，技术研发能力要求较为苛刻，研发周期较长，技术风险较高，这些技术特征在很大程度上会影响大连机车的发展战略。

3.3 关 键 要 素

主导逻辑是企业关于核心业务如何经营，资源如何配置，如何同对手在市场上展开竞争的认知图式，本质上是一种认知规律、路径、心智模式。根据管理认知研究中关于"环境/情境→认知→行为"的基本假设，学者在对转型经济下的中国装备制造企业主导逻辑影响因素进行研究时，必须从情境层面出发，充分考虑中国装备制造企业所面临的独特情境因素，对其影响因素的界定也应该从情境层面出发，充分考虑其界面的宽广性。基于此，本书将通过探索性因素分析得出的三个装备制造企业主导逻辑影响因素的主成分定义为制度地位特征维度、市场结构特征维度和技术特征维度。

3.3.1　制度地位特征维度

从研究结果中可以看出，影响装备制造企业主导逻辑的制度地位特征维度主要表现为：①政企关系；②政府干预力度；③所有权性质。

企业制度地位是企业所拥有的一种特殊地位，这种特殊地位能够带来制度优势或提升企业合法性，拥有高制度地位的企业能够在金字塔形的政府层级中获得高层级政府的支持，从而获取企业在较低层级政府中的合法性[186]。企业制度地位的高低主要取决于所有权性质、资源能力及企业核心业务在国民经济中的重要性这三个因素，制度地位的高低体现在政府对企业重要性的认知层面上[187]，这反映了政府对企业重要性的看法。

处于转型经济阶段的中国经济，其典型特征之一便是企业所有权的多样性[188]。中国政府在由计划经济向市场经济转型的过程中，允许和促进多种所有制形式的并存和发展，各级政府则在转型经济发展的不同阶段对所有制属性不同的企业制定和采取差别化的发展政策与管理制度[24]。这就使得不同的企业拥有不同的制度地位，同一企业也可能在不同的阶段和地域空间拥有不同的制度地位。例如，改革开放初期跨国公司在中国市场享受"超国民待遇"[189]，符合当地产业政策的企业能够享受当地政府给予的优惠政策或便利条件[190]。改革开放以来，中国企业的制度地位状况也发生了巨大变化，因为政府可以通过所有权、任免权和软预算等方式对其战略行为进行严格管控，享有较高制度地位的国有企业，也因一系列国企改革而形成了制度地位不尽相同的格局。随着国家有关深化国有资产管理体制改革等的实施，国有企业（特别是中央直属企业）大多开始向关系国民经济命脉的重要行业和关键领域（如装备制造业中的复杂产品系统领域）集中[191]，这样的企业其制度地位无疑不断在得到加强。而高制度地位不仅意味着来自政府的合法性支持、优惠政策、资源等便利条件，有时候还意味着巨大的政府采购订单。因此，制度地位高低的影响因素主要是所有制关系，而所有权所决定的制度地位又反过来影响企业能够获得的资源能力、市场地位和行业进入门槛。

这种情形在装备制造业中体现得尤为明显。第一，享有高制度地位的国有企业（特别是中央直属企业）原本就是具有悠久历史传统的老牌装备制造巨头，拥有（相对民营企业）较高的技术储备和能力、丰富的人力资源（技术研发人才和熟练的生产工人），又因其所有制属性在产业发展政策、创新扶持政策等方面享有其他企业可望而不可及的条件，这些都使得制度地位较高的国有企业在资源配置模式、创新意愿与行为方式、业务经营领域选择等方面与非国有性质的企业有所不同[24]。第二，在一些关系国计民生、国家安全的战略性产业领域，政府通过监管政策和法律法规设置较高的进入门槛，形成半竞争性或者垄断性的产业结构，无形中给制度地位较高的国有企业以竞争优势，而这些领域无疑也具有较高的利润回报。第三，如前所述，产权所有和隶属关系也意味着政府可以通过所有权、任免权和软预算等方式对所管辖的企业在战略行为等方面严格管控，如要求或限制其经营领域、多元化战略行为。

综上所述，根据本书的研究，结合对相关文献的分析，制度地位特征维度是转型经济中的中国装备制造企业战略行为决策和业务管理认知的一个重要考虑维度，也是其主导逻辑的重要影响因素之一。

3.3.2　市场结构特征维度

从研究结果中可以看出，影响装备制造企业主导逻辑的第二个核心因素是市场结构，该影响因素的特征维度主要包含三个方面的内涵，即主要从三个方面对装备制造企业主导逻辑产生影响：①产品特征、属性；②竞争结构；③用户特征。

市场结构是熊彼特创新假设的核心变量之一（另一核心变量是企业规模），他提出规模大的企业和垄断的市场结构更有利于创新[192]。长期以来，大量学者围绕市场结构与企业创新行为、创新效率的关系展开了激烈的争论，但研究结论莫衷一是。中国转型经济下的市场结构具有复杂性、动态性的特征，因产业领域、区域发展水平、行业特点、产品特点等的不同而不同，因转型经济发展各阶段的变化而变化。就中国装备制造业领域来说，同时存在垄断和竞争两种情况，同时又基本不具有完全垄断和完全市场竞争的极端情况（个别极端情况不在本书研究范围内）。就转型经济下的中国装备制造业的市场结构情况来说，一类是市场集中度较高的领域，如航天航空、轨道交通设备等；另一类是市场集中度较低的领域，如工程机械、机床等。

结合本章研究结果和相关文献来看，中国装备制造业市场集中度较高的领域，其市场结构的特征通常体现为：①产品差别化较高。这类企业的产品本身往往具有系统性、复杂性的界面，多内嵌复杂的模块组件（如软件系统），生产过程具有模块化、定制化特点，其生命周期较长，技术更新主要体现为局部子系统或子模块的功能升级或技术创新，该种产品的典型代表就是复杂产品系统[107]。由于这种产品特征，国家往往使用行政手段、经济手段等进行产业规划、布局和调控，让某一大型企业负责某类产品的研发，从而避免重复投资和资源浪费，因此企业间生产的产品差异化明显，竞争程度较低。②装备制造行业的竞争结构主要体现为通过进入壁垒形成的特定的竞争结构，并引导企业竞争模式、竞争方式。行业进入壁垒形成的原因通常包括资本障碍、规模经济障碍、产品差别化障碍、政策制度障碍等。首先，由于某些装备制造领域往往是关乎国计民生的大型产品或系统（如国防装备、航空航天设备等），或者关系到国家经济命脉和战略发展，因此常常受到政府的严格管控，政府实行的是市场准入管理制度；其次，在这些领域中，已有厂商与供应商、生产商等在长期合作中已形成了较为稳固的合作网络和关系，交易成本大大降低，而新进入者则不具有这种优势，面临巨大的互补性资产的障碍[118]；最后，这些领域往往生产周期过长、交易风险巨大（如用户需求改变、合作伙伴的延期交付等），产品的研发、生产需要大量的资金投入，且生产过程中的不确定性风险高，这些因素所形成的投资壁垒成为该领域进入的天然屏障。③中国装备制造业市场结构的一个重要特征是，高集中度不仅体现在制造厂商端，还更多体现在用户端，即由大型专业用户（如电力、电信、航空部门等）或政府机构组成的用户寡头结构[104]；其用户往往具有一定特殊性，如高度参与产品研发、生产过程，在合同交易过程中占据优势和主导地位，甚至扮演客户和行业监管者的双重角色（如通过主导政策导向、政策制定，决定产业、产品的发展方向和市场要求等）。

　　而对于装备制造业中另一类市场集中度较低的企业情况则恰恰相反：①大规模制造的一般性产品特征，即零部件少、界面简单、元器件标准化、生命周期较短、附加值较低、一般消费性，使企业间产品功能容易趋同，技术差异化并不明显，因而竞争较为激烈，主要通过性能、价格、质量等进行市场区隔。②进入壁垒较低，由于前述产品特征的缘故，其在资本投入、规模经济、政策管控、产品差别化方面都不易形成较高的进入壁垒，因此其竞争也常常较为激烈，利润回报较低。③如前所述，这类企业或产品的用户往往是一般性厂商甚至大规模消费者，因此其用户结构较为分散。需要特别指出的是，经济的高速发展使得中国市场的金字塔底层特征更明显[193]，所有中国装备制造企业的经营发展和战略管理常常具有一般消费品的规律和特征，如大规模制造和低成本战略，这是与西方情境有所不同的。

　　从现实情境来看，中国装备制造业的市场结构特征会影响企业管理者的认知：①用户结构的特征影响装备制造企业对外部市场机遇的认知关注/注意力，不同市场地位的用户对企业市场关注角度、对市场或用户的关注重视程度都不同，专业性用户的需求特征也将影响企业对企业创新发展的认知。②进入壁垒的高低将会对企业市场领域选择、进入和退出决策、产品领域的决策等的认知产生深入影响；而市场集中度的高低也意味着产业或产品领域内竞争的性质和程度，这也会对企业竞争战略的认知（竞争关注度、竞争反应度、竞争方式、商业模式）产生至关重要的影响。③进入壁垒的高低、用户特征的独特性还将影响企业内部资源配置与安排的认知，如对技术创新的重视或关注程度。④不同属性产品的特征将会对企业内部技术学习方式、创新行为模式产生影响，装备制造产品的技术复杂性、技术演化规律、创新模式及本土企业技术基础与实力都在不同程度上决定了本土企业技术学习与追赶的方式，影响本土企业对自主创新的关注、认同和创新规律的认知等。因此，以差别化的产品特征属性、进入壁垒、用户特征为主要内涵的市场结构特征是转型经济下中国装备制造企业情境因素的一个重要维度。

综上所述，根据相关研究，结合对相关文献的分析，市场结构特征维度是转型经济中的中国装备制造企业战略行为决策和业务管理认知的一个重要考虑维度，也是其主导逻辑的重要影响因素之一。

3.3.3　技术特征维度

影响装备制造企业主导逻辑的第三个核心因素是技术特征，该影响因素的维度主要包含两个方面的内涵，即技术特征主要从两个方面对装备制造企业主导逻辑产生影响：①技术后发性；②技术复杂性。

对于装备制造企业来说，技术无疑是其资源和能力最为重要的组成要素。转型经济的一个重要特征就是技术后发性，即在技术上与国际领先竞争对手相比处于劣势[194]，在技术和市场能力方面对国际领先企业进行追赶是后发企业的主要特征和出路[195]。然而随着经济的发展，后发国家和后发企业逐渐接近技术前沿，发达国家企业开始拒绝分享其技术，开始在前沿技术领域加快原始创新步伐，并加紧对后发国家的核心技术进行封锁。与此同时，技术本身也变得愈加复杂，以往依靠引进发达国家企业的先进技术进行消化吸收或者通过市场转换技术的道路变得越来越困难[196]。与技术后发相伴相生的，是本土企业技术的外部不可得性。资源可获得性（resource availability）是资源理论中一个重要的概念，通常用来表示企业从外部环境获取资源的容易程度。根据有关研究中对技术资产的划分方式[197]，企业的技术资源主要分为物理系统（设备、机器、厂房等）、无形技术资产（知识产权、信息系统等）和技术人员（智力、知识和经验等）三类；按照技术资源获取的维度，技术资源又可以划分为国外技术资源（foreign technological resource）和国内技术资源（domestic technological resource）。长期一段时间内，中国装备制造企业的核心技术主要依靠从国外技术领先企业引进，然而如前所述，近来发达国家逐渐开始拒绝同发展中国家的后发企业分享其先进技术，技术资源的获取成为困扰转型经济国家企业发展的一个重要问题；与此同时，转型经济中不同制度地位、资源能力不同的企业，其技术资源获取的方式、能力也有很大差别。

就装备制造业所涉及技术本身的特征而言，已有相关理论通常根据技术复杂性的特征将装备制造企业的产品分为两类：一类是复杂产品系统；另一类是大规模制造产品。复杂产品系统技术含量高、技术密集，其内嵌多种不同的技术模块和产品系统，涉及种类非常多的技术；能够带动相关产业技术升级和普通大规模制造产品的发展[105]，因而具有很高的技术创新扩散速度；复杂产品系统的研发过程与生产过程是相互交融的，产品研发过程结束，也就意味着产品的生产完成，企业一般不会进行扩大再生产和后续市场推广[109]。而对于一般性大规模制造产品而言，通常其技术含量较低，涉及技术种类较少，技术扩散较少，创新和扩散行为通常分开进行[105, 118]。就技术深度、技术宽度和技术不确定性而言，复杂产品系统和大规模制造产品都具有截然不同的差异。鉴于技术复杂性特征，两类产品在研发、生产组织管理、市场营销等诸多方面都要求有不同的逻辑。以复杂产品系统为例，其研制的重点在于设计、模块开发与系统集成，研制过程涉及系统集成商、分包商和最终用户三个组织，且其在各阶段分别具有不同的目的和任务[113]，如作为核心的系统集成商，其主要任务是对大型复杂项目进行管理、掌握核心关键技术及集成各模块技术，而将非核心模块的设计、开发、研制分包给分包商，即采用"两头内、中间外"的原则[118]。

技术后发性和技术复杂性的核心特征决定了技术积累是中国装备制造企业的核心发展主题。所谓技术积累，是指"企业在长期的生产和创新实践中所获得的技术知识和技术能力的递进"[198]，包括知识和能力两个维度。技术积累企业内部技术发展的内生积累过程，是一个企业渐进、持续创造和不断精细化新技术的过程[199]。一个企业的技术积累程度直接决定了其在产业竞争中的优势和地位。技术积累存在多种方式和途径，并不排除在过程中引入外部技术的可能，主要包括注入式技术积累、内生式技术积累和共生式技术积累[200]，但从根本上说技术积累是在本土环境中通过搜寻、获取、改进和学习而获得的。转型经济下的中国本土企业中，装备制造企业的发展历史较为久远，有许多老牌国有企业的历史可追溯到清末民初，而大多数国有企业主要始于中华人民共和国成立初期。同时，作为一股正茁壮发展的新的力量，民营装备制造企业则通常具有较短的成长历史。鉴于这些不同类型企业在制度类型、资源能力基础、管理传统等方面的差异，转型经济下的中国装备制造企业在技术积累方面具有不同的特点[201]，主要体现在技术积累的意识、态度[202]、方式、路径[200]等方面。

转型经济中的中国装备制造企业，其共同特征是都因技术基础的薄弱、核心技术的缺失而处于技术后发追赶阶段，以往从外部引进技术的发展方式遭遇桎梏。而由于装备制造行业本身技术复杂性特征的差异，中国装备制造企业又可以分为两种类型，即复杂产品系统企业和大规模制造产品企业。实际上，这两类企业也与之前的制度地位和市场结构相吻合，通常复杂产品系统企业属于战略性产业，需要企业具有雄厚的资源实力，因此本土复杂产品系统企业多属于制度地位和市场集中度都较高的国有企业。技术本身的复杂性特征，加之制度地位和市场结构的不同，必然导致中国装备制造企业在技术资源可获得性方面具有显著的差异性，现实情境中，民营企业往往不具有引进国外先进技术或与国外企业合资获得技术的可能性，而通常选择自主技术创新或"绕开技术壁垒"，吉利汽车、三一重工就是这样的典型代表企业。鉴于以上因素，两类企业通过技术积累获取核心竞争能力的意愿、方式和路径也将存在一定的差异。因此，以技术后发性、技术复杂性、技术可得性及技术积累为主要内涵的技术特征是转型经济下中国装备制造企业情境因素的一个重要维度。

综上所述，根据相关研究，结合对相关文献的分析，技术特征维度是转型经济中的中国装备制造企业战略行为决策和业务管理认知的一个重要考虑维度，也是其主导逻辑影响因素的重要因素之一。

3.4　本章小结

本章以中国机车行业代表性企业——大连机车为研究对象，通过扎根理论，对影响中国装备制造企业主导逻辑的情境影响因素进行归纳和分析，最终提炼出认知视角下影响中国装备制造企业主导逻辑的情境因素的三个结构维度，即制度地位特征维度、市场结构特征维度和技术特征维度。其中，制度地位特征维度对装备制造企业主导逻辑的影响主要体现为：①政企关系；②政府干预；③所有权性质。市场结构特征维度对装备制造企业主导逻辑的影响主要体现为：①竞争结构；②产品特征、属性；③用户特征。技术特征维度对装备制造企业主导逻辑的影响主要体现为：①技术后发性；②技术复杂性。

第4章 装备制造企业主导逻辑类型识别

本章主要解决"装备制造企业主导逻辑是什么"这个问题，研究思路是，在相关理论构建研究框架的基础上，根据第3章所得出的三大情境特征维度，将中国装备制造企业分为不同的类型，针对每一类型寻找典型代表性企业，对每个代表性企业进行探索性单案例研究。针对每个案例企业，通过认知地图技术，分析其核心管理团队管理认知的主要构成要素，进而对其因果逻辑进行归纳；在此基础上，剖析每种类型企业的主导逻辑内涵和特征，进而归纳出转型经济下中国装备制造企业主导逻辑的类型和概念内涵。

4.1 研 究 设 计

4.1.1 研究框架构建

在主导逻辑类型识别和内涵研究中，引入认知理论关于认知关注焦点和因果逻辑的概念，构建本章的研究框架。

本书以探索性单案例研究为研究方法，选取若干代表企业作为研究样本，对不同类型企业的主导逻辑概念内涵及特征进行归纳和分析。主导逻辑作为一种"逻辑"，与"架构"、"世界观"和"思维方式"等概念相似，代表了一种特定的认知模型、框架、思维方式，是一套基本且一贯的原则，也是一种"隐喻"[9]。基于对主导逻辑这一概念及其理论独特特征属性的考虑，要抓住主导逻辑的核心概念内涵，需要从其认知内容和认知结构特征两个层面去考察。

首先，Nadkarni 和 Barr 关注战略决策者管理认知的内容层面[32]，即管理者认知的知识结构关注何种具体的概念，认知结构中概念与概念之间的关系是怎样的，并由此将管理认知划分为关注焦点和因果逻辑两个维度。所谓关注焦点是指在管理者的认知结构中，哪个或哪类概念占据认知结构的中心位置，占据中心位置说明战略决策者在日常经营和战略决策中较关注此个（类）概念；所谓因果逻辑是指认知结构中不同概念之间逻辑关系或者因果关系，它实际上反映的是决策者和管理者理解信息和应用信息的模式、特征。为了捕捉装备制造企业在转型经济背景下的认知逻辑，必然要通过上述两个层面，即管理认知的关注焦点和因果逻辑来考察其认知模式（主导逻辑）的概念内涵。

其次，如前所述，"逻辑"与"架构"、"世界观"和"思维方式"等概念相似，代表了一种特定的认知模型、框架、思维方式，因此，本书借鉴有关认知模式、管理者心智模式、战略认知等方面的研究成果，使用决策分析和战略管理中常用的认知地图这一分析工具来抓住企业高层管理团队的认知图示特征，从而挖掘出其主体思想和认知特征[203]。其中，结构特征是管理认知研究者考察管理者认知特征的一个重要内容和维度。Nadkarni 和 Narayanan 关注的是战略决策者的管理认知知识结构的整体特征[204]，如管理认知的知识结构复杂性、集中性等问题，即通过考察管理者认知的知识结构是复杂还是简单，是分散还是集中，从而来衡量管理者的认知特征。与关注管理认知内容的研究相比，这些学者更加关注管理者认知作为一个整体所呈现的特征。就主导逻辑的认知整体结构而言，目前尚没有形成一个一致性的认知，Phaal 等在对新兴产业的行业发展地图研究中[205]，从价值链的角度提出了一个行业的发展框架（即主导逻辑）包含价值情境（value context）、价值创造（value creation）、价值实现（value capture）三个维度。骆志豪和胡金星从知识的视角，将高层管理者心智模式的构成要素分为知识体系、信念体系和改善体系三类[206]。

武亚军以华为领导人任正非为案例[207]，对华为公司在中国转型经济发展的复杂动态环境下，其企业领导人任正非的认知模式和价值观进行了认知地图分析和扎根分析，提出其思维具有"战略框架式思考"的特点。这种"战略框架式思考"包含"战略意图""基本战略回路"和"战略驱动路径"三个概念维度。其中，"战略意图"维度关乎"我是谁、向哪儿去"的问题，该维度使企业确定其长期使命，明确其需要具备的核心竞争能力或核心资源；"基本战略回路"维度关乎企业"如何去"的问题，为企业确定系统的整体战略框架，回答企业战略发展的基本逻辑路径和关键要素；"战略驱动路径"维度关乎企业"怎么做"的问题，在确定性的战略发展框架和逻辑路径下，帮助企业确定具体的实现方式、管理工具和技术等。与此同时，Prahalad 在提出主导逻辑概念时就已指出，主导逻辑是在"组织核心业务的特征→关键任务→高层管理者心智模式"这样一个管理认知演化进程中逐渐形成的（图4.1）。

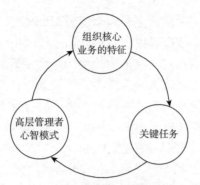

图 4.1　主导逻辑的演进机理

综合这些研究，考虑到本书所研究主题的内容及研究主体所处的情境与武亚军所提出的"战略框架式思考"具有很强的相似性，结合管理认知领域已有研究成果，我们对"战略框架式思考"的构成维度（"我是谁、向哪儿去"、"如何去"和"怎么做"，如图 4.2 所示）稍作修正，构建"组织身份与目标认知→核心发展方法与路径→战略行动方式"作为主导逻辑分析的指导性框架（图 4.3），即通过具象化主导逻辑在上述三个维度下的具体概念内涵，描绘整体认知的结构特征和关键要素的逻辑关系特征，从而捕捉转型经济下装备制造企业的认知思想。

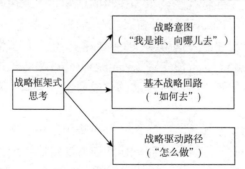

图 4.2　武亚军战略框架式思考：基本问题与关键变量

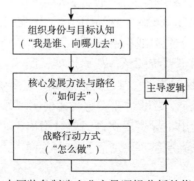

图 4.3　中国装备制造企业主导逻辑分析的指导性框架

4.1.2　数据分析策略

本章对几个单案例分别开展探索性研究，识别不同类型装备制造企业的主导逻辑，因为各类企业的典型样本选取标准不一样，因此典型样本选取会在每个小节中具体阐述。虽然样本选取不一样，搜集到的数据也不一样，但是各章节采用的数据分析策略是一致的，在这里先进行说明。

首先，由于我们研究的基本问题——中国装备制造企业主导逻辑的概念内涵及其特征属于"是什么"的问题，因此研究总体上采用质性研究方法。另外，如文献回顾中所说，中国转型经济下本土企业主导逻辑相关问题的研究尚处于非常初级的阶段，要求对典型现象及其背景因素作深入描绘与理论解释，这使得采用探索性研究方法进行研究更为合适[21]。为了使探索的结果更有意义，我们严格按照典型性原则[180]选取各类企业的典型样本。

其次，由于研究中涉及的管理者认知现象、概念，特别是认知逻辑尚不明确，加之主导逻辑概念的抽象性，研究实地收集的大量资料需要经过归纳提炼和转化，实证研究、实验法等适用于成熟理论验证的研究方法，其逻辑是解释性逻辑，并不适用于本书的研究。本书针对研究资料主题和分析目的的不同，有选择地综合使用了图表归纳技术、认知地图和扎根理论等方法。一方面，具有概念与理论建构优势的"扎根研究方法"，对现象归纳和概念提炼非常有帮助[208]（下文主要呈现了通过扎根理论原则归纳主导逻辑三个维度的过程）。另一方面，为了分析企业管理团队的思维逻辑及其认知特点，本书借鉴和采纳了管理认知领域中逐渐得到发展并被广泛采用，在隐性和复杂知识显性化方面具有优势的认知地图分析方法[42]。同时，为了更直观和便于读者理解本书所提出的三类主导逻辑和管理认知规律，本书还将案例情境和管理者认知过程进行了图形化和模型化处理[43]。

概括来说，为了深入探究分析转型经济下中国装备制造企业主导逻辑的内涵和特征，本章首先运用认知地图技术，对选定的每类代表性企业进行认知地图绘制，通过认知地图将概念之间的逻辑关系进行归纳和图形化呈现，在此基础上对认知地图中的变量和路径进行深入分析，捕捉企业管理认知的"关注焦点"。之后，运用扎根理论的基本原理对案例企业主导逻辑的核心范畴进行进一步归纳，从而得出主导逻辑的概念内涵与特征。

为了保证研究结果可靠同时容易被读者理解，一方面，我们尽可能地搜集更多的资料使细节逐渐趋于完善；另一方面，利用内容分析法和扎根理论对案例中呈现的纷繁复杂的现象进行编码、概念和范畴归纳，并记录关键概念之间的联系。这样可以使读者在有清晰的整体图景的前提下，把注意力集中在核心范畴与核心关系上。

4.2　中国装备制造企业类型划分

在第 3 章，我们通过案例研究和扎根理论对转型经济背景下影响中国装备制造企业主导逻辑的情境特征维度进行了归纳和初步分析，发现装备制造企业管理者认知的外部情境影响因素主要包括制度地位特征、市场结构特征和技术特征三大维度。

第一，转型经济背景下，中国装备制造企业中存在两种截然不同的制度地位。如前所述，鉴于所有权性质、资源能力及企业核心业务在国民经济中的重要性等因素，政府对企业重要性的认知会有不同的看法[187]。换言之，装备制造企业的制度地位会有高低之分：①从所有权性质和所有制形式的层面来说，各级政府在转型经济发展的不同阶段，对不同所有制属性的企业实行差异化的政策和制度[24]，造成不同企业之间拥有不同的制度地位，甚至同一企业也会因时间和空间的不同而导致制度地位不同。②高的制度地位意味着企业拥有来自政府的合法性支持、优惠政策、资源等便利条件，甚至是巨额的政府采购订单；制度地位还会影响企业资源能力、市场地位和行业进入门槛。③制度地位的高低差异状况及其影响作用在装备制造业中尤为明显。老牌国有装备制造企业（特别是中央直属企业）往往具有较高的制度地位，拥有较高的技术储备和能力及丰富的人才资源，在产业发展政策、创新扶持政策等方面享有其他企业可望而不可即的条件；特别是在一些关系国计民生、国家安全的战略性产业领域，政府通过监管政策和法律法规设置较高的进入门槛，形成半竞争性或者垄断性的产业结构，新生的民营企业则恰恰相反。

第二，转型经济背景下，中国装备制造企业中存在两种截然不同的市场结构，其差别集中体现于市场集中度的高低之分方面。中国转型经济下的市场结构具有复杂性、动态性的特征，因产业领域、区域发展水平、行业特点、产品特点等的不同而不同，随经济发展不同阶段的变化而变化。具体到中国装备制造领域，该领域同时存在垄断和竞争市场两种情况，因而形成了两种不同的市场结构情况：一类是市场集中度较高的领域，如航天航空、轨道交通设备等；另一类是市场集中度较低的领域，如工程机械、机床等。身处市场集中度较高领域的企业类型往往具有以下特征：①产品技术较为复杂，往往具有系统性、复杂性、模块化、定制化等特点，以复杂产品系统为典型代表[107]。对于这类企业，国家往往使用行政手段、经济手段等进行产业规划、布局和调控，让某一大型企业负责某类产品的研发，从而避免重复投资和资源浪费，因此企业间生产的产品差异化明显，竞争程度较低。②通常通过设置较高的进入壁垒形成市场竞争结构。例如，某些关乎国计民生或者关系国家经济命脉和战略发展的大型产品、系统，常常受到政府的严格管控，实行市场准入管理制度；在这些领域中，已有厂商与供应商、生产商等在长期合作中也形成了较为稳固的合作网络和关系，使交易成本大大降低，而新进入者则不具有这种优势，面临巨大的互补性资产的障碍；而且由于这些领域往往生产周期过长、交易风险大，产品的研发、生产投入巨大，生产过程中的不确定性风险高，使得其投资壁垒较高。③高集中度不仅体现在制造厂商端，还常常体现在用户端，即由大型专业用户或政府机构组成的用户寡头结构[104]，其用户高度参与产品研发、生产过程，在合同交易过程中占据优势和主导地位，甚至扮演客户和行业监管者的双重角色。而对于装备制造业中另一类市场集中度较低的企业，情况则恰恰相反：①产品技术相对简单，零部件少、界面简单、元器件标准化、生命周期较短、附加值较低，企业间产品功能容易趋同，技术差异化并不明显，因而竞争较为激烈，主要通过性能、价格、质量等进行市场区隔；②进入壁垒较低，在资本投入、规模经济、政策管控、产品差别化方面都不易形成较高的进入壁垒，因此其竞争也常常较为激烈，利润回报较低；③用户往往是一般性厂商甚至大规模消费者，结构较为分散。

　　第三，转型经济背景下，中国装备制造企业中存在两种截然不同的技术特征类型，其差别集中体现在技术复杂性的高低方面。由第 3 章的研究可知，技术后发性和技术复杂度是中国装备制造企业情境特征的主要概念内涵。由于技术后发性是几乎所有中国装备制造企业的共同特征，技术特征的差异主要体现在技术复杂性方面。如前所述，就装备制造业所涉及技术本身的特征而言，已有相关理论通常根据技术复杂性的特征将其分为两类：一类是复杂产品系统；另一类是大规模制造产品。就技术深度、技术宽度和技术不确定性而言，复杂产品系统和大规模制造产品都具有截然不同的差异。鉴于技术复杂性特征，两类产品在研发、生产组织管理、市场营销等诸多方面都要求不同的逻辑。由于这种技术复杂性特征的差异，中国装备制造企业可以分为两种类型，其主要划分标准体现为复杂产品系统企业和一般性大规模制造产品企业。

　　综上所述，转型经济中，影响中国装备制造企业管理者认知的外部情境影响因素的特征差异主要体现为制度地位的高低差异、市场结构（市场集中度）的高低差异和技术复杂性的高低差异之分。如果将这三个维度的高低差异结合起来，进行排列组合，可以将中国装备制造企业划分为八种类型（表 4.1），如企业类型一对应高制度地位、高市场结构、高技术复杂性维度。

表 4.1　中国装备制造企业的不同情境类型及其典型案例

企业类型	情境特征维度			典型案例
	制度地位	市场结构（市场集中度）	技术复杂性	
类型一	高	高	高	大连机车

企业类型	情境特征维度			典型案例
	制度地位	市场结构（市场集中度）	技术复杂性	
类型二	高	低	高	外高桥造船
类型三	低	低	高	三一重工
类型四	低	高	高	—
类型五	高	高	低	—
类型六	低	高	低	—
类型七	高	低	低	—
类型八	低	低	低	—

基于此，对于转型经济背景下中国装备制造企业主导逻辑的研究，也应该按照外部情境特征的不同，对每种类型的企业的主导逻辑分别进行研究，从而进一步归纳其共同特征或内涵差异。然而，囿于篇幅的限制，本书不可能对所有类型的装备制造企业进行研究，因此本章进一步聚焦在我国经济发展过程中占据关键战略性地位的复杂产品系统企业。与一般性大规模制造产品相比，复杂产品系统往往由更多的产品子系统构成，并且在更为残酷的环境（如高速、高热、高压等）下运作，在基本构件、制作工艺方面有更高的要求，因此一般具有较高的技术复杂性。在限定高技术复杂性这一维度的情况下，装备制造企业理论上依然有四种类型。结合中国的具体情境，以复杂产品系统为代表的装备制造业对国家具有重要的战略意义，一般管控极为严格，如果不具备较高的制度地位（如国企/央企的身份），基本不可能在市场中形成一家独大或市场份额被少数几家企业瓜分的情况，因此第四种类型企业难以找到典型的样本。

所以，在接下来的研究中，本书将分别对"高制度地位+高市场结构+高技术复杂性"、"高制度地位+低市场结构+高技术复杂性"和"低制度地位+低市场结构+高技术复杂性"三种类型企业的主导逻辑进行探索性单案例研究，案例样本分别选取大连机车、外高桥造船和三一重工。

4.3　主导逻辑类型一

4.3.1　案例企业选择与数据搜集

1）案例企业选择

案例企业选择遵循典型性原则[180]，选取大连机车作为案例研究对象。第 3

章中已经介绍过，大连机车作为国家重点大型装备制造企业，能够代表典型的中国先进装备制造企业，并且其技术发展实践和轨迹不仅能够代表中国机车企业，而且能够丰富地再现中国机车行业整个技术追赶历程，与本书关注的主题十分契合。除此之外，本章选取大连机车作为高制度地位、高市场结构、高技术复杂性企业的案例代表，主要基于以下考虑。

首先，从企业的所有权属性和经营性质等方面来看，大连机车能够代表一类具有较高的制度地位的企业。作为国家重点扶持的国有大型企业，其在发展过程中得到了国家政府的有力保护和支持，并且其发展历程也是一部计划经济向市场经济转变的变革史，因此能够很好地呈现本书所探讨主题的丰富情节。

其次，机车行业在我国仍然属于半垄断性行业，主要由少数大型企业占据绝大部分市场份额。这主要是由其特殊的市场和用户特征决定的，核心用户原铁道部（现中国铁路总公司）拥有寡头垄断的市场地位，不仅代表市场而且负有引导机车行业发展、民族工业振兴、自主技术创新的使命，同时扮演用户和行业监管者的双重角色。长期以来，原铁道部通过行政命令、任务下达、订单分配等形式决定和引导机车行业的发展走向。进入 21 世纪以后，国家更是对机车行业企业实行重点扶持的政策和战略，这些因素使得机车行业具有高度集中的市场结构特征。

最后，如文献综述部分所述，机车作为复杂产品系统的典型代表，其技术发展特征日趋复杂化、集成化和模块化，对于技术基础较为薄弱、技术水平较为落后的中国机车企业而言，机车具有高复杂性的技术特征。

综上所述，大连机车能够代表本章所要研究的一类装备制造企业。案例企业具体情况的介绍见第 3 章。

2）案例资料收集

本章对大连机车的资料搜集工作与第 3 章同时进行，但侧重点不同，第 3 章侧重对大连机车发展过程中的外部环境资料进行搜集，本章侧重对企业的战略抉择和行为数据进行搜集。按照 Yin 对案例研究的建议[180]，案例数据制定并严格遵循以下标准：①确保数据过程详细、完整，能够建立链接研究问题与研究结论完整、有效的证据链，能够详细阐述数据收集过程；②确保案例数据具有多种类型的数据三角验证。因此，本章基于三角验证原则，全面收集一手资料和二手资料，最后整理出五万字的原始资料。

对于一手资料的收集，由笔者所在课题组实地考察案例样本企业大连机车，对企业高层管理团队的核心成员进行半结构式访谈，访谈内容围绕企业在发展历程中重大项目、重大战略变革行动中的决策过程和决策思路。此外，还对曾参与过重要机车型号研发的中层管理人员、技术人员，以及重要离退休干部进行了访谈。访谈形式主要包括以下两种：①多对一式访谈，鉴于访谈对象职务和工作原因，为节省其时间以赢得最大程度的支持和配合，课题组成员对企业相关访谈对象逐一进行访谈，以便能够通过直接追问式的问答方式深入挖掘信息，缺点在于单一式的访谈情境可能会造成被访者信息疏漏。②多对多式访谈，即所有课题组成员同时与调研企业的所有相关访谈对象进行交谈，这样做的好处在于通过多位访谈者从不同角度对所提问的问题进行回答，从而能够得到多元化的信息，保证被访者对所研究问题有更全面的理解。这样做的缺点在于，囿于时间限制，每位被访者不能够对每个问题进行深入、细致的阐述。

对于二手资料的收集，主要通过以下途径和方式：①大连机车核心管理团队成员在各种公众场合的讲话、采访资料；②大连机车核心管理团队成员在公司内部的讲话、公司网站公开信件、工作感悟等；③大连机车年鉴、年报、报纸等的相关报道；④已发表的关于大连机车的相关文章及从行业或者专题材料中选取的文章，在国家自然科学基金委员会认定的 A 类和 B 类期刊中以大连机车作为主题词进行检索，对所搜集的文章进行深入研究和分析；⑤对曾为大连机车做过咨询顾问的大连理工大学教授进行访谈；⑥大连理工大学 CMCC（China management case sharing center，中国管理案例共享中心）所收编的所有关于大连机车的教学案例。

4.3.2　大连机车认知地图绘制

认知地图技术本质上是一种质性的研究方法[39]，它侧重于对管理者的认知结构做出描述而不是解释[40]，从而为研究者研究管理者行为背后的推理过程提供丰富、详细的认知基础。基于绪论研究策略部分对认知地图方法的介绍，研究人员确定了该案例研究的主要步骤和环节：①整理通过深度访谈等方式获得的用于认知地图分析的大连机车有关材料，逐行逐句分析，将语句转化成概念，并反复同访谈者进行确认；②将原始资料进行编码和概念化等处理，转换成变量的形式，并确立变量之间的逻辑关系；③通过箭头等形式将变量和变量之间的关系呈现为一张地图；④对认知地图进行内容分析，并根据分析结果进一步对认知地图所描绘的特性、内容、核心概念、逻辑关系等进行分析，最终得出研究结论[126]。

按照上述步骤，绘制出大连机车认知地图（图 4.4）。

4.3.3　大连机车认知地图变量分析

首先，图 4.4 具有显著的瘦长型和族群[126]特点。从认知地图上可以看出，大连机车的认知地图明显被划分为四个族群。四个族群用虚线划开，从而为我们更加清晰地展现大连机车在发展历程中的动态认知脉络，而这四个族群恰好代表了

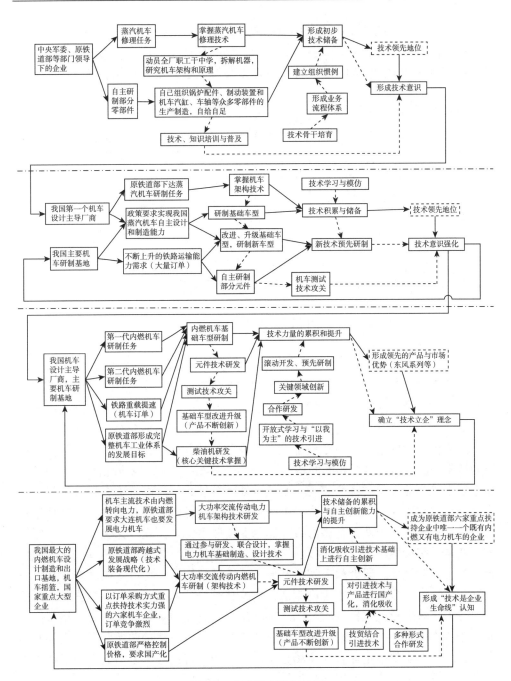

图 4.4　大连机车认知地图

实线表示主要的认知路径，虚线是对主要路径的佐证和说明

大连机车技术发展的四个阶段，即蒸汽机车修理阶段、蒸汽机车研制阶段、内燃机车研制阶段和多元化阶段。接下来，我们将按照四个族群来进行对比、综合分析。我们对认知地图中的关键概念的核心变量和联系数量归纳如表4.2所示。

表 4.2　大连机车认知地图的核心变量和联系数量

核心变量	联系数量	核心变量	联系数量
中央军委、原铁道部领导	3	大功率交流传动电力机车研制	3
蒸汽机车主导厂商、主要研制基地	6	大功率交流传动内燃机车研制	4
内燃机车主导厂商、主要研制基地	6	形成初步技术储备	5
最大的内燃机车设计制造和出口基地、机车摇篮	5	蒸汽机车技术积累与储备	5
蒸汽机车修理技术掌握	3	内燃机车技术力量的累积和提升	6
内燃机车架构技术掌握	3	技术储备的累积与自主创新能力的提升	6
内燃机车基础车型研制	6		

注："核心变量"指认知地图中与三个以上变量有直接联系的变量

4.3.4　大连机车认知地图路径分析

进一步地，我们对大连机车认知地图中的关键回路进行分析。以第一阶段（蒸汽机车修理阶段）为例，存在两条相似的路径："蒸汽机车修理任务→掌握蒸汽机车修理技术→形成初步技术储备→形成技术意识→我国第一个机车设计主导厂商"和"自主研制部分零部件→相关零部件的生产制造→形成初步技术储备→形成技术意识→我国第一个机车设计主导厂商"，显然这两条回路可以归纳为同一性质的认知回路（即代表了相同的逻辑）。结合大连机车案例的实际情境，这两条路径本质上是企业发展的核心路径，是企业业务开展、资源配置的全局性、战略性发展逻辑，解决企业"向哪儿去"的战略性、方向性问题。与此同时，在认知地图中我们还能够发现两条与核心发展路径紧密联系的"派生"路径：一条是围绕核心变量"掌握蒸汽机车修理技术"的"掌握蒸汽机车修理技术→动员全厂职工干中学，拆解机器，研究机车架构和原理→自己组织锅炉配件、制动装置和机车汽缸、车轴等众多零部件的生产制造，自给自足→技术、知识培训与普及→形成技术意识"，另一条是围绕核心变量"形成初步技术储备"的"技术骨干培育→形成业务流程体系→建立组织惯例→形成初步技术储备"。从这两条路径的内涵和属性来看，其本质都是企业参与市场竞争，形成和保持核心竞争力的核心思路和基本方式，解决企业核心发展路径如何实现的业务操作问题。

与此相对应的，在大连机车的另外三个阶段（蒸汽机车研制阶段、内燃机车研制阶段、多元化阶段），同样存在类似的两类回路，即若干条可合并归纳为企业发展的核心路径的回路，与若干条可合并归纳为与核心变量紧密相关的辅助性实现路径的回路。如表 4.3 所示，我们将大连机车认知地图中所包含的所有关键回路及其特征进行了归纳和描述。

表 4.3 大连机车认知地图关键回路及其特征

战略认知回路	蒸汽机车修理阶段认知地图核心要素	蒸汽机车研制阶段认知地图核心要素	内燃机车研制阶段认知地图核心要素	多元化阶段认知地图核心要素	基本特征
回路一	中央军委、原铁道部等部门领导下的企业	我国主要机车研制基地	我国机车设计主导厂商,主要机车研制基地	我国最大的内燃机车设计制造和出口基地,机车摇篮,国家重点大型企业	本质是组织的"身份认知":是企业的发展原动力、战略意图、价值观,解决企业"我是谁"的基本问题
回路二	路径一:蒸汽机车修理任务→掌握蒸汽机车修理技术→形成初步技术储备→形成技术意识→我国第一个机车设计主导厂商; 路径二:自主研制部分零部件→相关零部件的生产制造→形成初步技术储备→形成技术意识→我国第一个机车设计主导厂商	路径一:原铁道部下达蒸汽机车研制任务→掌握机车架构技术→技术积累与储备→技术领先地位→技术意识强化→我国机车设计主导厂商,主要机车研制基地; 路径二:政策要求实现我国蒸汽机车自主设计和制造能力→研制基础车型→技术积累与储备→技术领先地位→技术意识强化→机车设计主导厂商,我国主要机车研制基地; 路径三:不断上升的铁路运输能力需求(大量订单)→改进、升级基础车型,研制新车型→新技术预先研制→技术意识强化→我国主要机车研制基地	路径一/二:第一/二代内燃机车研制任务→内燃机车基础车型研制→技术力量的累积和提升→形成领先的产品与市场优势→确立"技术立企"理念→我国机车设计主导厂商,主要机车研制基地; 路径三:铁路重载提速(机车订单)→内燃机车基础车型研制→技术力量的累积和提升→确立"技术立企"理念→我国机车设计主导厂商,主要机车研制基地; 路径四:原铁道部形成完整机车工业体系的发展目标→柴油机研发(核心关键技术掌握)→技术力量的累积和提升→确立"技术立企"理念→我国机车设计主导厂商,主要机车研制基地	路径一:机车主流技术由内燃转向电力,原铁道部要求大连机车也要发展电力机车→大功率交流传动电力机车架构技术研发→技术储备的累积与自主创新能力的提升→成为原铁道部六家重点扶持企业中唯一一个既有内燃又有电力机车的企业→形成"技术是企业生命线"认知→国家重点大型企业,机车摇篮身份认知; 路径二/三:原铁道部跨越式发展战略(技术装备现代化)/业内竞争激烈→大功率交流传动内燃机车研制(架构技术)→技术储备的累积与自主创新能力的提升; 路径四:原铁道部严格控制价格,要求国产化→元件技术研发→技术储备的累积与自主创新能力的提升	本质是企业发展的核心路径(routine),解决企业"向哪儿去"的战略性、方向性问题

续表

战略认知回路	蒸汽机车修理阶段认知地图核心要素	蒸汽机车研制阶段认知地图核心要素	内燃机车研制阶段认知地图核心要素	多元化阶段认知地图核心要素	基本特征
回路三	路径一:掌握蒸汽机车修理技术→动员全厂职工干中学,拆解机器,研究机车架构和原理→自己组织锅炉配件、制动装置和机车汽缸、车轴等众多零部件的生产制造,自给自足→技术、知识培训与普及→形成技术意识; 路径二:技术骨干培育→形成业务流程体系→建立组织惯例→形成初步技术储备→形成技术意识	路径一:掌握机车架构技术→研制基础车型→改进、升级基础车型,研制新车型→自主研制部分元件→机车测试技术攻关→技术意识强化; 路径二:技术学习与模仿→技术积累与储备→新技术预先研制→技术意识强化	路径一:内燃机车基础车型研制→元件技术研发→测试技术攻关→基础车型改进升级→柴油机研发→技术力量的累积和提升; 路径二:技术学习与模仿→开放式学习与"以我为主"的技术引进→合作研发→关键领域创新→滚动开发、预先研制→技术力量的累积和提升	路径一:大功率交流传动电力机车架构技术研发→通过参与研发、联合设计,掌握电力机车基础制造、设计技术→元件技术研发→测试技术攻关→基础车型改进升级→形成"技术是企业生命线"认知; 路径二:技贸结合引进技术/多种形式合作研发→对引进技术与产品进行国产化,消化吸收→消化吸收引进技术基础上进行自主创新→技术储备的累积与自主创新能力的提升→形成"技术是企业生命线"认知	是企业市场竞争、形成和保持核心竞争力的核心思路和基本方式,解决企业"如何做"的业务操作问题

4.3.5　大连机车管理认知的关注焦点

认知地图分析方法在分析领导人的认知焦点、战略逻辑和过程方面具有很好的效果,然而要全面把握企业管理者认知的核心范畴和内涵,还应该对认知地图所呈现的变量做出进一步的归纳和提炼,从而实现最终的理论构建目的。为此,我们借鉴扎根理论的原理和思想,根据上述认知地图分析得出三条核心路径,对每条路径涉及的核心变量进行归纳,合并相似变量,逐步提炼核心范畴。

具体方法就是在前述核心变量的基础上继续发展更加抽象的类别,即选择核心范畴,将其系统地与其他范畴加以联系,并将之概念化和理论化。我们回归案例的具体情境,基于解释案例现象的需要,将表4.2所归纳出的17个核心变量进一步地抽象和提炼,从企业高层管理团队认知关注焦点的层面,归纳得出大连机车管理者认知模式三大关注焦点类型(即核心范畴),如表4.4所示。

表 4.4　大连机车管理者认知模式关注焦点

关键变量	核心范畴
中央军委、原铁道部领导	外部驱动力（核心用户）
蒸汽机车主导厂商、主要研制基地	
内燃机车主导厂商、主要研制基地	
最大内燃机车设计制造和出口基地、机车摇篮	
蒸汽机车修理技术掌握	关键任务
内燃机车架构技术掌握	
内燃机车基础车型研制	
大功率交流传动电力机车研制	
大功率交流传动内燃机车研制	
形成初步技术储备	任务保障
蒸汽机车技术积累与储备	
内燃机车技术力量的累积和提升	
技术储备的累积与自主创新能力的提升	

（1）外部驱动力（核心用户）。大连机车企业高层管理团队共享认知模式（认知结构）中第一个核心要素（即关注焦点）是作为主顾的外部驱动力的核心用户及其与核心用户的关系，从另一个视角来说也就是组织的身份。在企业的认知结构中，企业最先关注或者说最为关注的往往是来自外部市场的机遇，具体到大连机车，企业生存和发展的主要动力来自于核心用户中国铁路总公司（原铁道部，代表政府层面）的机车订单。而能否获得订单，关键在于企业同核心用户（中国铁路总公司）的关系。

转型经济下，以机车为代表的中国复杂产品系统行业的市场机制具有以下特点。首先，铁路机车是一种复杂产品系统，与一般消费品不同，其通常具有小批量、定制化及研发与生产一体化的特点，因此通常是先有订单然后才能进行设计、研发、生产等企业资源行动和战略行为。其次，复杂产品系统行业通常具有寡头垄断的市场结构，在中国尤其明显，中华人民共和国成立至今，转型经济下的中国铁路机车市场一直保持着浓厚的计划经济色彩，绝大多数的订单掌握在政府手中，因此政府订单对企业经营发展和市场业绩起着至关重要的作用。最后，作为中国一直以来的，以及仅存的最后一个计划经济领域，政府同时扮演着核心用户和行业监管者、政策制定者的多重角色，核心用户政府通常通过颁布政策或下达指令，要求企业进行机车预研制，在初步研制结果的基础上，确定订单归属或分配比例，并以此方式来推动产业技术创新能力和水平的提升。尽管不同阶段政策的形式和内容不同，其本质和扮演的角色是一致的，即构成了机车企业发展的前提和驱动力。没有核心业主的政策和订单，机车企业就失去了其存在的价值和生存的动力，密切关注核心业主的需求及政策趋势成为机车企业发展的前提。

同时，如上所述，鉴于经济发展、创新引导和社会稳定的需要，政府扮演了核心用户、政策制定者、行业监管者的多重角色，核心用户原铁道部通过订单和政策、指令等方式决定和引导机车企业的战略发展方向，因此，能否获得核心用户的认可——成为体制内一员，遵守其制定的政策，遵从其制定的行业竞争标准（如技术参数、自主创新），在行业竞争中具有较强的优势，成为企业生存和发展的关键。实际上，在中国机车企业的发展历史上，机车企业与原铁道部一直保持着紧密的关系，甚至有很长一段时间隶属于原铁道部，对于订单配置的政策逻辑通常向几家具有深厚技术实力的国有重点企业倾斜，20 世纪 90 年代以来，政府甚至出台了扶持六家重点企业的政策。

基于此，充当外部驱动力的核心用户成为大连机车的核心关注点，如何成为核心用户重点扶持的企业，从而保持业内技术领先地位，是大连机车战略考虑的重中之重。

（2）关键任务。如前所述，复杂产品系统具有研发与生产制造一体化的特征（产品的研发过程实际也是产品的生产过程），核心用户订单的完成，产品的技术研发是关键。然而，转型经济下的中国装备制造业工业和技术基础薄弱，普遍存在核心关键技术缺失的问题，以机车工业为例，其技术发展过程是一个从无到有、从不会到掌握的历史。因此，获取核心关键技术是中国复杂产品系统乃至整个装备制造业企业经营发展的核心关键。在本案例中，处在蒸汽机车修理阶段的大连机车，要完成上级不断下达的机车修理和零部件生产任务，首先要掌握蒸汽机车修理技术。在当时中国工人不掌握核心技术，工厂技术资料基本被烧毁的情况下，动员全厂职工干中学，拆解机器，研究和学习机车架构原理及知识；组织技术力量自主研制部分零部件，组织锅炉配件、制动装置和机车汽缸、车轴等众多零部件的生产制造；通过举办学习班、师傅带徒弟等形式在工人中间普及、培训技术知识。到蒸汽机车研制阶段，为了完成原铁道部下达的蒸汽机车研制任务，企业的关键任务主要是掌握蒸汽机车的设计技术，即从研发架构技术开始，到基础车型研制，改进、升级基础车型，到研制新车型，再到自主研制部分元件。到内燃机车和电力机车研制阶段，企业的关键任务主要围绕新车型研制→架构技术研发→元件技术研发→测试技术研发→新车型研制，周而复始形成一个较为固定的路径。

因此，关键任务是转型经济下大连机车管理者认知结构中的第二个核心因素。而以大连机车为代表的复杂产品系统企业将技术研发作为关键任务，并成为企业第二个核心关注焦点，正是转型经济下中国复杂产品系统产业外部驱动式的发展模式（订单和研发任务）、外部驱动力量作为企业第一关注焦点所造成的，两者具有前后因果联系。

（3）任务保障。技术与知识储备是核心业务接续和企业持续发展的保障。为了跟得上原铁道部（核心用户）的每一轮提速和技术提升运动（通常以招标采购的形式进行），在激烈的内部竞争中获得源源不断的订单，企业必须提前预测核心用户在下一阶段的产品需求，而需求标准集中体现为产品的技术参数、成本和研发速度。谁先拿出满足原铁道部采购标的（技术和价格参数）的机车，谁就能最先获得最多的订单。而要在这一轮的研发竞赛中始终不掉队，就必须预先研发，并累积技术储备和能力。

转型经济下的中国装备制造行业处于技术后发和技术追赶的历史进程中，而随着中国经济的蓬勃发展，市场需求日新月异，要求新产品层出不穷，技术不断发展，生产精益求精。以机车行业为例，自 20 世纪 80 年代以来，中国铁路运输需求随着经济发展不断扩大，为了缓解有限运力与日益扩大的运输需求之间的矛盾，原铁道部先后开展了五次铁路大提速运动，进入 21 世纪以来，又开展了铁路跨越式发展运动，每次铁路运输的"客运提速、货运重载"都意味着具有更先进技术的新型机车的供给和研发。加之原铁道部对机车行业进行了一系列改革，优胜劣汰的机制更加明确，特别是"重点扶持六家企业"政策的实施，使机车企业"体制内竞争"日趋激烈，谁能在一轮又一轮的铁路提速运动中率先研制出符合原铁道部要求的新车型，谁就能获得最多的订单，从而获得更好的生存空间。而订单获取的关键是，能够以最快的速度拿出满足原铁道部技术参数要求的新车型。而做到这一点的条件是企业具有很高的技术实力和学习能力。实际上，早在机车企业发展之初，即蒸汽机车修理阶段，大连机车就在实践中开始注意培养技术骨干，任务完成之余组织技术力量，建立业务流程规范和知识体系，形成技术标准、技术规范和组织惯例，逐渐形成初步的技术储备并形成储备技术力量的传统。到蒸汽机车研制阶段，大连机车开始注重对新技术的预研制，早在 20 世纪 50 年代初期就开始关注和研究内燃机车技术，从而成为铁道部指定的内燃机车研制主导厂商，并研制出中国第一辆内燃机车。到内燃机车发展阶段，大连机车逐渐开始确立"生产一代、研制一代、预研一代"的研发体制，改革开放后逐渐形成"技术学习与模仿→开放式学习与'以我为主'的技术引进→合作研发→关键领域创新→滚动开发、预先研制→技术力量的累积和提升"的技术储备体制。正是这种伴随技术学习不断周而复始的技术储备，为大连机车在几十年的技术发展中紧跟时代步伐，在日趋激烈的产品竞争中不断推陈出新提供了可靠的保障，使企业能够在历次铁路提速运动和研发任务中率先完成任务、获得订单，在激烈的行业竞争中保持领先的竞争地位和优势。

因此，技术储备作为大连机车完成任务、获取市场竞争优势的保障，是企业管理者认知结构中的第三个关注焦点。同时，"任务保障"与"关键任务"具有因果关系。

4.3.6　大连机车共享管理认知的逻辑及内涵——技术归因

通过对认知地图的分析，我们发现大连机车的认知地图具有这样的特点：①以技术研发为核心的任务贯穿企业管理认知的始终，技术是企业管理者认知结构的核心主题；②技术意识总是在管理者认知中得到强化；③每个阶段都以"技术意识""技术理念"形成和强化作为起点（尾节点）和终点（头结点），在管理者的认知逻辑中，技术既是"果"，又是"因"（图 4.5）。

阶段	第一阶段	机车工业发展政策	⇒	蒸汽机车修理	⇒	掌握蒸汽机车相关技术	⇒	储备蒸汽机车相关技术	⇒	形成技术意识
					-----绩效评价-----					
	第二阶段	蒸汽机车发展政策	⇒	蒸汽机车研发制造	⇒	蒸汽机车技术获取与掌握	⇒	蒸汽机车研制技术储备	⇒	强化技术意识
					-----绩效评价-----					
	第三阶段	发展内燃机车工业的政策	⇒	内燃机车研发制造	⇒	内燃机车研发与技术掌握	⇒	内燃机车与柴油机技术储备	⇒	"技术立企"理念
					-----绩效评价-----					
	第四阶段	铁路提速与装备现代化政策、国外市场机遇	⇒	内燃和电力机车研制、城轨和柴油机制造	⇒	轨道交通设备相关技术引进消化与吸收	⇒	轨道交通设备相关技术储备	⇒	技术生命线
管理层主导逻辑	认知结构	政策、订单		产品研发		技术获取		技术储备		技术归因
	模式/机理	外部驱动力	⇒	业务定义	⇒	任务实现	⇒	接续任务	⇒	技术归因
	特征				技术聚焦与任务导向					

图 4.5　大连机车技术归因认知机理

结合对案例的分析，以产品研发为核心的技术获取和技术储备贯穿了整个大连机车企业发展历史的主线。当然，这是因为我国工业发展历史的特殊性，复杂产品系统等装备制造行业的发展是在一穷二白和自我摸索中蹒跚前行的。在这个过程中，中国企业不仅逐渐掌握了相关技术，也形成了对技术重要性的共识和技术自信心，在任务倒逼中，企业的发展重心始终围绕产品研发、技术获取、技术储备，形成了一套基于技术的知识、流程和惯例体系，技术意识在绩效的反馈下不断得到强化。在这种情况下，企业管理决策层的认知逐渐聚焦于技术的发展，技术被视作核心关键和制胜法宝，"技术立企"成为企业发展的方针。这实际上形成了一种技术崇拜的价值逻辑，我们将这种以技术发展为核心，视技术为生命的组织认知模式命名为"技术归因"型主导逻辑。概括来说，转型经济下中国装备制造企业"技术归因"型主导逻辑的内涵主要体现为以下三点：

1）基于外部驱动

在前面的分析中，我们发现大连机车企业高层管理团队共享认知模式中第一个核心要素是组织身份，即能否成为政府所重点扶持的企业，保持业内技术领先优势地位，是企业的核心关注点。这意味着，企业生存和发展的主要动力来自核心用户原铁道部（中国铁路总公司）的机车订单，企业的创新发展具有外部驱动的特征。这种外部驱动逻辑的特征和影响主要体现在三个方面：

首先，企业具有高度的市场保障，高度聚焦于核心用户。高制度地位和来自核心用户的订单分配，为企业提供了发展动力和生存保障，企业不必过多分心于市场机遇和需求信息的动态搜寻，不必过于忧心来自市场的风险，可以专心于技术的研发和产品的创新，这也是为什么近年来中国高铁能够蜚声全球，成为中国企业自主创新的典范。其次，企业创新的动力来自外部压力，而非内生式创新。复杂产品系统行业寡头垄断的市场结构和核心用户的强势地位，使得核心用户能够主导行业的发展方向和企业的战略轨迹，引导企业的创新行为。通过订单分配，制定技术参数及政策、规划等形式，核心用户原铁道部能够极大地推进机车企业的创新步伐和技术能力提升，提高资源配置效率。但同时，外部驱动式的模式也会使企业形成"订单驱动→关键任务→技术储备→订单驱动"的闭环路径，发展路径呈现螺旋状的循环往复，形成发展的路径依赖。长期来看，这种发展模式会导致企业缺乏市场机制导向下内生自主创新的动力和能力。最后，重技抑商。企业在闭环发展模式中，不需要考虑市场的复杂性、动态性和风险性，不必设立或重视专注于市场创新的部门，长此以往，会逐渐丧失市场敏感性和商业创新的能力。

2）任务导向

"技术归因"型主导逻辑的另一个重要内涵特征是任务导向。所谓任务导向是指企业的经营发展以"项目"为业务划分单位，具有任务执行的特点。首先，在客户寡头的市场结构下，订单的多少和产品技术、质量要求由核心用户决定，企业只需要完成技术研发和生产任务的实现，市场营销等其他能力基本得不到体现，企业运营体现为一个接一个的产品项目执行。其次，由于经营生产和产品、技术创新具有外部驱动的特点，企业往往不具有自主布局技术发展战略的可能和空间，其产品项目的实现常常需要"关键"目标的实现或关键性的战略行动，如某一关键部件或技术的攻关、某一核心价值链或生产环节的突破。最后，企业不能决定市场的走向和产品的发展趋势，因而只能跟随行业技术发展的大趋势，无法自主组织技术创新战略或有此种动力，企业通常只能通过技术研发的效率影响核心用户的决策，因此其战略行为和资源配置行动都围绕任务实现的能力（技术研发的能力和效率、生产制造的能力和效率，包括硬件和软件实力）。在本案例中，企业的战略经营和业务逻辑主要围绕如何快速实现核心用户所需要的产品和相应的技术参数要求，而其方法通常是攻关、破解某一关键技术或核心部件，且技术研发速度和水平直接决定了订单竞争的优势，因而企业日常的一切资源行动也围绕着这些活动展开，如技术引进消化与吸收、生产条件改造等。任务导向是大连机车发展的核心路径。

3）技术聚焦

"技术归因"型主导逻辑的第三个重要内涵特征是技术聚焦。所谓技术聚焦，顾名思义，是指企业的战略行为和资源配置聚焦于技术。首先，复杂产品系统企业的管理认知聚焦于技术发展。如前所述，本土复杂产品系统企业要完成生产任务，技术研发和攻关是关键；同时，为了在动态的产品创新和行业竞争中保持持续的技术优势，就要不断进行技术储备和能力学习，因而企业的主要精力聚焦于技术的追赶和学习，以及围绕引进技术的消化吸收和再创新方面，即技术储备和能力的培育。其次，复杂产品系统企业对不同能力的注意力分配较为聚焦，即企业能力较为单一。拥有较为稳定的市场结构和订单来源保障的复杂产品系统企业，不必分心于市场机会搜寻和应对市场风险，可以专心于技术研发，这也就使得企业能力具有专一化的特点。最后，集中性的市场结构也使得竞争的焦点只能汇聚于技术能力的比拼，某种程度上，垄断性市场结构中的复杂产品系统行业的竞争氛围更浓，只是竞争的范围、形式和性质与开放性市场有所不同而已。现实中，中国机车行业确实存在利润微薄、竞争激烈的问题。因此，对技术的聚焦本质上（即技术归因的认知逻辑）体现了垄断性市场结构中的复杂产品系统企业对竞争的关注，技术聚焦实际上是企业参与竞争的独特方式[51]。

4.4　主导逻辑类型二

4.4.1　案例企业选择与数据搜集

1）案例企业选择

案例选择遵循典型性原则[180]，选取外高桥造船作为案例研究对象。案例研究对象的选取主要基于以下三个方面的考虑。

首先，外高桥造船是中国先进造船企业的典型代表，是目前中国设施最先进、综合实力领先的造船企业，公司拥有先进的硬件设施，在十几年的发展中锤炼出一套优异的生产流程，工艺布局先进、合理，早已全面采用先进造船设计软件 TRIBON，在造船生产组织管理方面应用现代集成制造 CIMS 系统（computer integrated manufacturing systems，即计算机集成制造系统 ）。目前已通过 ISO 9001 质量管理体系、ISO 14001 环境管理体系和 OHSAS 18001 职业健康安全管理体系的审核认证；获得"国家认定企业技术中心"、"上海市企业技术中心"、"上海市高新技术企业"和"上海市知识产权示范企业"的审核认定。因此，外高桥造船能够代表中国转型经济下一类先进的、典型的装备制造企业。

其次，从企业性质和特征方面来说，外高桥造船是国家重点大型装备制造企业，由中国船舶工业集团公司、宝钢集团有限公司、上海电气（集团）总公司等大型国有企业共同出资组建，中船集团公司控股，具有雄厚的资金实力、有力的技术支撑和深厚的国有背景，承担了几十项国家发展和改革委员会、原国防科学技术工业委员会、上海市政府等国家部门的各类科研项目。同时，外高桥造船也是中国政府本着打造中国现代化程度最高的大型船舶总装厂的目的建造的大型现代化企业，成立伊始就定位于高竞争性的全球市场，直接面向世界各个国家和地区的无差别船东，在国际市场上同欧美和日韩企业进行开放式竞争。因此，就制度地位和市场结构维度特征来看，外高桥造船区别于第 4 章第 3 节所研究的大连机车，并能够代表一类具有特殊制度地位和市场结构的装备制造企业。

最后，外高桥造船从事的业务领域和经营的产品属于高技术复杂性范畴。企业主要设计、生产、经营好望角型散货船、超大型散货船、集装箱船、阿芙拉型成品/原油轮、超大型油轮（very large crude carrier，VLCC）、海上浮式生产储油卸油装置（floating production storage and offloading，FPSO）、钻井平台等产品系列，这些产品系列均涉及复杂的制造工艺和超高的生产要求。2011 年起，外高桥造船已陆续开展了中型管机器人焊接、合拢管设计制造系统、3 600 吨大总段移位工法、总段异地总组、高效自动化焊接、轴舵系镗孔、大型散货船舱口围总组吊装、大型总段吊装、平台拉线照光镗孔、上建异地建造、大型舾装单元制造、舾装件安装阶段前移、组立物流优化、预密性范围扩大及成套系列支撑工装开发等一系列新工艺和新工法。因此，从技术特征维度来看，外高桥造船代表了一类独特技术特征维度的装备制造企业。

2）案例企业介绍

外高桥造船成立于 1999 年，地处长江之滨，是中国船舶工业集团公司旗下的上市公司——中国船舶工业股份有限公司的全资子公司。公司全资拥有上海外高桥造船海洋工程有限公司、控股上海江南长兴重工有限责任公司、上海外高桥海洋工程设计有限公司、上海中船船用锅炉有限公司、中船圣汇装备有限公司，参股上海江南长兴造船有限责任公司。

公司的目标是建造世界一流产品，产品类型覆盖散货轮、油轮、超大型集装箱船、海工钻井平台、钻井船、浮式生产储油装置、海工辅助船等。公司自主研制的好望角型绿色环保散货船已成为国内建造最多、国际市场占有率最大的中国船舶出口"第一品牌",累计承建并交付的 17 万吨级和 20 万吨级散货船占全球好望角型散货轮船船队比重的 11.3%;30 万吨级 VLCC 累计交付量占全球 VLCC 船队的 8.3%。在 2007 年中国名牌产品暨中国世界名牌产品表彰大会上,外高桥造船建造的 10.5 万载重吨芙拉型原油船荣登"中国名牌"榜;31.9 万载重吨 VLCC "华山"号是世界上建成的第一艘全面满足国际船级社协会(International Association of Classification Societies,IACS)制定的最新《共同结构规范》(Common Structural Rules,CSR)的超级油轮,被国际知名船级社评为"2008 年全球知名船型"。2013 年 7 月,外高桥造船有限公司成功交付上海开埠以来建造的第一批 9400TEU 集装箱船,并加入法国达飞公司的船队,打破了韩国船厂在该领域的垄断地位。

在海洋工程业务领域,外高桥造船公司先后承建并交付了 15 万吨级、17 万吨级、30 万吨级海上浮式生产储油卸油装置,标志着我国在 FPSO 的设计与建造领域已位居世界先进行列。3 000 米深水半潜式钻井平台是世界上最先进的第 6 代深水半潜式钻井平台,作业水深 3 000 米,钻井深度达 10 000 米,被列入国家"863"计划项目。外高桥造船公司于 2011 年圆满完成了"海洋石油 981"项目的建造、调试任务及其相关的国家"863"计划和上海市重大科技专项的结题工作,填补了我国在深水特大型海洋工程装备制造领域的空白。正在建造的海洋工程产品有 JU2000E 型和 CJ46 型自升式钻井平台,这标志着公司在自升式钻井平台领域已经形成系列化生产能力。

成立不到五年,外高桥造船厂完工总量便首次位居中国各船厂之首;2005 年,外高桥造船成为中国首家造船完工总量突破 200 万载重吨的船厂;2006 年,造船完工总量历史性地达到 311.5 万载重吨,相当于 2000 年的全国造船总量,外高桥造船获得"中国第一船厂"的殊荣;2009 年,造船总量突破 600 万载重吨,首次跻身世界造船业前三强;2010 年,造船完工总量达到 706 万载重吨,连续六年高居中国各船厂之首。2011 年,公司完工交船 36 艘,成为中国第一家年造船完工总量突破 800 万载重吨大关的船厂。2013 年全年新接订单量突破 1 000 万载重吨,居全球造船企业榜首(图 4.6)。

3)案例资料收集

按照第 3 节制定的案例数据收集标准,对于一手数据的收集,笔者所在课题组成员对熟悉外高桥造船企业高层管理团队核心成员的咨询师、教师和同学进行半结构式访谈,访谈内容围绕企业在发展历程中重大项目、重大战略变革行动中的决策过程和决策思路展开。此外,还对曾参与过重要船型和海工装备产品研发的中层管理人员、技术人员,以及重要离退休干部进行了访谈。

对于二手数据的收集,我们主要采用以下途径和方式:①外高桥造船核心管

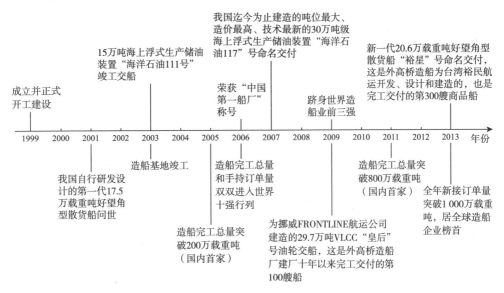

图 4.6　外高桥造船产品创新与里程碑事件

理团队成员在各种公众场合的讲话、采访资料；②外高桥造船核心管理团队成员在公司内部的讲话、公司网站公开信件、工作感悟等；③与外高桥造船相关的年报、报纸等材料；④已发表的关于外高桥造船的相关文章及从行业或者专题材料中选取的文章，在国家自然科学基金委员会认定的 A 类和 B 类期刊中以外高桥造船作为主题词进行检索，对所搜集的文章进行深入研究和分析；⑤大连理工大学CMCC 所收编的所有关于外高桥造船的教学案例。

4.4.2　外高桥造船认知地图绘制

基于绪论研究设计部分对认知地图方法的介绍，我们确定了案例研究的主要步骤：①整理通过深度访谈等方式获得的用于认知地图分析的外高桥造船有关材料，逐行逐句分析，将语句转化成概念，并反复同访谈者进行确认；②将原始资料进行编码和概念化等处理，转换成变量的形式，并确立变量之间的逻辑关系；③通过箭头等形式将变量和变量之间的关系呈现在一张地图上；④对认知地图进行内容分析，并根据分析结果进一步对认知地图所描绘的特性、内容、核心概念、逻辑关系等进行分析，进而得出研究结论。

按照上述步骤，我们绘制出外高桥造船认知地图如图 4.7 所示。

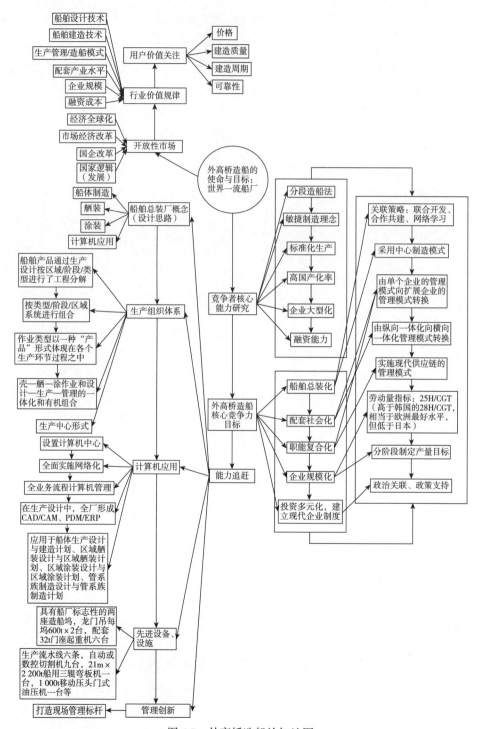

图 4.7　外高桥造船认知地图

4.4.3　外高桥造船认知地图变量分析

就图 4.7 的总体特征而言，外高桥造船具有焦点复杂性和结构簇团化[32]的特点。从认知地图上可以看出，外高桥造船的认知地图以"外高桥造船的使命与目标"为核心，主要分出三条干线（回路），围绕三条干线还有一些支线（回路），如图 4.7 所示。接下来，我们将按照两种逻辑回路来进行对比和分析，将认知地图中的核心变量和联系数量归纳于表 4.5。

表 4.5　外高桥造船认知地图的核心变量和联系数量

核心变量	联系数量
开放性市场	6
行业价值规律	8
船舶总装厂概念（设计思路）	6
生产组织体系	8
计算机应用	8
先进设备、设施	5
管理创新	3
竞争者核心能力研究	8
外高桥造船核心竞争力目标	7
能力追赶（战略）	6

注："核心变量"指认知地图中与 3 个以上变量有直接联系的变量

4.4.4　外高桥造船认知地图路径分析

进一步地，我们对外高桥造船认知地图中的关键回路进行分析。如图 4.7 所示，由核心变量"外高桥造船的使命与目标"出发，认知地图中存在两条主要的逻辑回路。第一条回路可以简单概括为"开放性市场→行业价值规律→用户价值关注"，该路径反映的是企业在核心使命与目标的驱动下，认知行业规律和市场机会，实现自我发展的基本路径和逻辑。结合外高桥造船的实际案例情境，该逻辑路径本质上是企业发展的前提和基础，是企业认知自我、确立自身目标的基本逻辑，解决企业"我是谁"的自我认知和发展动力问题。第二条回路可以概括为"外高桥造船的使命与目标→竞争者核心能力研究→外高桥造船核心竞争力目标→能力追赶"，从该逻辑回路的变量内涵和路径特征来看，其本质是企业发展的核心路径，是企业业务如何开展，资源如何配置的全局性、战略性发展逻辑，解决企业"向哪儿去"的战略性、方向性问题。

除了以上两条主要的回路（以逻辑关系为主线），图 4.7 还有几条次要的回路

（以顺序关系为主线）：第一条是"分段造船法→敏捷制造理念→标准化生产→高国产化率→企业大型化→融资能力"，该回路的核心内涵是竞争对手企业（主要是日韩企业）的能力路径、逻辑，这是外高桥造船管理者的主观分析，因此实际上是对竞争对手及其能力的界定；第二条是"船舶总装化→配套社会化→职能复合化→企业规模化→投资多元化，建立现代企业制度"，该回路的内涵是外高桥造船依据竞争者能力的状况，对自身竞争能力目标的界定。配合该总体目标，还有一条关于具体目标的回路"关联策略→采用中心制造模式→扩展企业的管理模式→横向一体化管理模式→实施现代供应链管理模式→领先的劳动量指标→分阶段制定产量目标→政治关联、政策支持"，其内涵在于企业对自身竞争能力目标的具体分解；第三条回路是"船舶总装厂概念（设计思路）→生产组织体系→计算机应用→先进设备、设施→管理创新"，该回路代表企业在核心能力目标下，进行能力追赶的具体行动路径。总体来说，这三条路径解决的是企业进行核心能力构建和能力追赶的具体行动路径，是关于战略目标如何制定、实施，企业如何经营，如何与竞争对手竞争及业务如何开展的具体行动逻辑，解决企业"如何做"的业务操作问题。

外高桥造船企业管理者认知地图关键回路及其内涵特征如表 4.6 所示。

表 4.6　外高桥造船认知地图关键回路及其内涵特征

战略认知回路	外高桥造船认知地图关键回路	概念内涵	基本特征
回路一	开放性市场→行业价值规律→用户价值关注	身份与目标逻辑	本质是组织的"自我认知"：是企业确立发展目标、战略意图、价值观等的基本路径，解决企业"我是谁"的基本问题是企业发展的前提和基础。
回路二	外高桥造船的使命与目标→竞争者核心能力研究→外高桥造船核心竞争力目标→能力追赶	核心方法/路径逻辑	本质是企业发展的核心路径，解决企业"向哪儿去"的战略性、方向性问题
回路三	船舶总装厂概念（设计思路）→生产组织体系→计算机应用→先进设备、设施→管理创新	战略行动逻辑	是企业市场竞争、形成和保持核心竞争力的核心思路和基本方式，解决企业"如何做"的业务操作问题

4.4.5　外高桥造船管理认知的关注焦点

如前所述，认知地图分析方法在分析领导人的认知焦点、战略逻辑和过程方面具有很好的效果，然而要全面把握企业管理者认知的核心范畴和内涵，还应该对认知地图所呈现的变量进一步归纳和提炼，从而实现最终的理论构建目的。为此，我们借鉴扎根理论的原理和思想，根据上述认知地图分析得出三条核心路径，对每条路径涉及的核心变量进行归纳，合并相似变量，逐步提炼核心范畴。

具体方法就是在前述核心变量的基础上继续发展更加抽象的类别，即选择核心范畴，将其系统地与其他范畴加以联系，并将之概念化和理论化。回归案例的具体情境，基于解释案例现象的需要，将图 4.7 中所呈现的所有核心变量进一步抽象和提炼，从企业高层管理团队认知关注焦点的层面，归纳得出外高桥造船企业管理者认知模式三大关注焦点类型（即核心范畴），如表 4.7 所示。

表 4.7　外高桥造船管理者认知模式关注焦点

关键变量	核心范畴
开放性的市场结构	
行业价值构成要素	价值构成/规律
用户价值关注点	
标杆界定	
目标分解	标杆追赶行动
追赶行动	
分段造船法	
敏捷制造理念	
标准化生产	
高国产化率	核心能力
企业大型化	
融资能力	

1）价值构成要素

外高桥造船企业高层管理团队共享认知模式（认知结构）中第一个核心要素（即关注焦点）是行业的价值规律，或者说价值构成要素，这主要包括"开放性的市场结构"、"行业价值构成要素"和"用户价值关注点"（用户关注的价值构成要素）。

开放性的市场结构：企业的认知结构往往最先关注外部市场情境，因为外部市场或机遇决定了企业发展的动力。随着市场的监管限制不断放开，尤其是民用船舶领域，民营企业 21 世纪以来在造船领域蓬勃发展，这使得转型经济下的中国造船行业成为一个越来越开放的竞争领域。同时，船舶作为一种大宗投资的"方便旗舰"产品，具有全球无障碍贸易的特点，只要产品性能、价格、可靠性等能够满足世界各国航运公司船东的要求，其建造国家、船厂都无关紧要。换言之，世界范围内的所有船厂实际上处在同一个国际市场平台。因此，开放性市场结构中参与全球竞争的中国造船企业，先要关注全球市场的需求特征和发展趋势，同时，不同的细分用户和市场类型也需要企业特别关注；转型经济下的中国企业尤其还要关注国家层面对于造船的政策和规划。

用户价值关注点：在上述市场层面的这些因素中，首要的就是用户的价值关注点，或者说用户关注的价值构成要素，概括来说，造船领域用户（即船东）主要的价值关注点在于价格、建造质量、建造周期和可靠性等。这四个因素同时也是造船企业核心竞争力的最终体现。

行业价值构成要素：如前所述，转型经济下的中国企业参与全球竞争，就要遵循全球开放性市场结构下的行业价值规律，换言之，行业价值规律就是当前造船行业实现在价格、建造质量、建造周期和可靠性等方面竞争优势的核心途径，是造船企业核心竞争能力的构成要素。概括来讲，造船企业的核心竞争能力主要体现在以下几个方面：①船舶设计和建造技术。船舶的设计和建造技术是船舶建造与交付和企业发展的核心，造船企业的技术能力和创新能力是衡量造船企业在全球船舶市场竞争实力的最关键指标，船舶设计技术是指在船型设计（包括船舶产品的基础设计和详细设计）及生产设计方面的技术，船舶建造技术是指切割、焊接、舾装、吊装等船舶生产制造方面的技术。②生产管理/造船模式。造船模式是指一个船厂促使生产系统高效运作的方法及船舶建造、作业、设计、组织和管理等所有运作方式的集合，是造船企业的特定制造哲学及其实现的生产过程、方法和技术的集成体现形式，也是造船企业形成核心竞争力的关键要素[209]。一个现代化的生产管理/造船模式应具有思想与理念先进、采用多学科的综合新技术体系、注重先进的组织形式与管理模式、追求系统的整体优化与改进等特点。③配套产业水平。船舶作为一个复杂产品系统，其生产制造过程复杂、庞大，其产业体系涉及动力、导航通信等众多产业，一艘船舶所需要的船用专门设备包含主机、副机、分油机系统、压载水系统、空调系统、舵机、锚机、通风、液压等。据统计，船舶配套产业所提供的船用设备、零部件等配套产品在整船价值中所占的比重可以高达60%以上，因此，造船企业母国船舶配套产业的发展水平，即船用设备国产化率的高低，对造船企业的核心竞争力具有举足轻重的影响。④企业规模。船舶企业的生产能力是其产业竞争实力的重要保障，生产能力越强，其规模效应的优势越强，外部风险抵御能力也越强。生产能力主要体现在企业的规模、产能、生产效率方面，具体指标包括基础设施率、平均资产规模、全员劳动生产率等，由于生产效率主要取决于造船模式，而产能、基础设施率、平均资产率等常常与企业规模密不可分，因此，转型经济下的中国船舶企业规模是其实现生产能力的主要因素。⑤融资环境。造船行业是一个资金密集型行业，稳定、低成本的资金支持是造船产业快速良性发展的重要保障，反之融资困难往往也是制约造船行业发展的瓶颈。因此，融资环境是否优越，即一国造船行业的融资渠道是否顺畅、融资渠道是否多样化是保障船舶企业快速发展、维持船舶企业资金链完整和安全运行的重要条件；对于企业来说，其融资能力、融资途径的多元化、融资成本的高低是其核心竞争能力的一个重要影响因素。

2）竞争者能力

外高桥造船企业高层管理团队共享认知模式（认知结构）中第二个核心要素

是竞争者的能力，或者说是对行业竞争者核心能力的研究，而造船行业竞争者的能力构成基本是围绕上述对于行业价值构成因素的几个方面塑造的。就认知地图所反映的结果看，外高桥造船对行业竞争者核心能力的研究和关注，主要围绕对竞争者的界定和竞争对手核心能力的认知。

竞争对手的界定：在当今世界造船市场上，拥有造船能力、参与市场角逐的船舶企业主要集中于西欧、日本、韩国和中国。西欧船舶企业以其雄厚的技术和资本实力，主要聚焦于豪华邮轮、高速客轮等高端产品领域并占据绝对优势，中国船舶企业尚不具有进入该领域与之竞争抗衡的能力（2015 年，外高桥造船宣布正式进军邮轮产业，并预计 2020 年建成并交付具有国际一流水平的中国首艘豪华邮轮），因此并不能将其作为竞争对手。日本和韩国的船舶企业主要集中于液化天然气船（liquefied natural gas，LNG）、油船、大型集装箱船等相对标准化的中高端市场；中国船舶企业目前主要在低端市场领域（集装箱船、散货船等）同日韩企业进行竞争，并逐渐开始向液化天然气船、海洋工程装备等中高端市场领域进军。因此，中国船舶企业的国际竞争对手主要是日本、韩国企业，而在国内市场上，则是大型造船集团、地方船厂及中外合资船厂三足鼎立、群雄逐鹿。尽管此种情况对于外高桥造船也不例外，但认知地图上主要强调其是国内船舶制造龙头企业，将日本、韩国船舶企业作为追赶和学习的对象，因此，这里对竞争对手的界定主要是日本、韩国船舶企业。

竞争对手核心能力的认知：对日韩造船企业能力的认识主要围绕船舶设计和建造技术、生产管理/造船模式、配套产业水平、企业规模/生产能力、融资能力等方面展开。

（1）船舶设计和建造技术。日本造船业历来重视船舶技术的研发，始终拥有先进的造船技术，产品种类齐全、体系完整，总能根据市场需求变化适时调整产品结构，坚持技术现行，以技术引领市场需求，实现差异化竞争。在设计技术方面注重功能、安全环保和工艺方面的领先优势，目前正聚焦低碳船舶技术的研发；持续注重计算机辅助船舶设计技术的持续创新，不断压缩设计周期。可以说日本船舶企业掌握着世界一流的船舶产品设计技术。在建造技术方面，日本造船企业投入大量资金和精力，致力于生产设备的现代化和高级化，凭借其在计算机辅助造船方面的技术优势，实现了高品质与性能、高生产效率、低成本、低能耗，产业分工精细化，具有很高的专业化水准，其焊接技术世界一流。韩国造船业在建立和发展之初，对国外的高技术主要采用"拿来主义"的方式，不仅大量引进国外先进的技术，而且直接进口大量相关配套的船舶生产流水线与制造设备，甚至直接引进一些核心零部件。这种大规模的技术和成套设备引进消化吸收策略，在保证生产效率的同时，使得对国际先进技术水平的快速追赶得以实现。在经历了世界造船业的第一次产业转移之后，随着技术引进源的切断，韩国开始谋求摆脱对"外来技术"的高依赖性,逐步将精力转移到培养自主设计与开发能力上,逐渐形成了以船企为主体,政府主导基础研究先行,产学研结合,法律法规健全的国家创新机制。在逐渐掌握了传统船型的建造技术后,韩国船舶企业又开始聚焦新船型的开发,其主要路径还是按照先引进国外设计图纸,在干中学,不断探索,通过模仿形成自主研发能力,目前主要的中高端产品类型涉及超大型油轮、汽车滚装(roll-on/roll off,RO/RO)船、液化石油气(liquefied petroleum gas,LPG)船、液化天然气船、化学品(chemical)船等。

(2)生产管理/造船模式。日本造船行业企业以精细化分工、产品品种集中、极强的专业化程度等鲜明特征著称,因其在深化生产流程设计方面具有很深的造诣而拥有很高的可建造性和生产效率,日本造船企业由此在业内具有较为独特的建造模式[210]。归纳其建造模式的基本规律可以发现,日本造船企业的核心在于中间产品导向下的双"一体化"特征,所谓双"一体化"主要指壳舾涂一体化和设计、制造与管理的一体化,而其根本在于壳舾涂一体化。具体来说,生产设计使产品按照区域—类型—阶段进行作业分解,以中间产品的形式体现各生产过程的分解,每一生产阶段有机体现壳、舾、涂作业的结合,设计、生产、管理部门间的结合有机体现于各个生产准备阶段。在生产组织模式方面,日本造船企业先后摒弃传统的职能型组织和产品导向型组织,大力推行造船精度管理,以补偿量代替余量,不断消除造船加工、装配和焊接中的无效劳动。韩国造船企业具有综合化、大型化的特点,积极打造和利用规模效应,以较日本更低的单位成本为优势,逐渐形成了较为多元的产品结构和品种系列。通过对日本造船模式的不断模仿、学习和发展,着力于在信息化方面的改造、造船组织的生产设计和生产管理变革,在设计、生产管理上构建起强大的 CIMS 系统,采用综合性一体化设计,极大地提高了造船效率。

(3)配套产业水平。日本船舶配套产业起步于 20 世纪 50 年代初,经历了从小到大、从弱到强的发展历程,特别是 21 世纪以来,该产业发展日趋成熟。日本现有 700 余家船舶配套企业,近 4 万名从业人员,占据全球船舶配套产品市场近 2/3 的市场份额,拥有遍布全球的船用配套产品售后服务网络。其中,船用内燃机及配套产品是其主流优势产品,年产值占整个船舶配套业的 50% 以上。目前,日本船舶配套产业已相当成熟,其生产的船用配套设备不仅足够国内造船之需,其对外出口数量也已占到生产总量的 33%,成为国民经济的一个重要产业。20 世纪 80 年代以来,韩国大型船舶制造企业通过多元化经营纷纷踏入配套产品领域,经过十多年的发展,开始初步形成较为完善的船舶配套工业体系。90 年代,国际航运市场一片繁荣,韩国船舶企业紧抓机遇,重点发力船舶配套领域和国产化战略,使其国产设备装船率达到 85% 以上。目前,韩国船舶配套产业的规模已初步形成,据韩国造船工业协会统计,韩国现有船舶配套企业 540 多家,从业人员 6 万多名;

其生产的配套产品中，船用发动机类产品、舾装类产品技术水平世界一流，在国际市场上享有盛誉；其主机、辅机、舱室设备等产品也有很好的市场口碑，不仅足够国内造船生产所需，还大量出口中国等国家和地区，其船用配套设备 10% 以上供应出口。

（4）企业规模/生产能力。日本曾长期领跑国际造船行业 50 年之久，而随着国内人口老龄化（少子化现象）的加剧和年轻劳动力的大幅减少，其全球市场份额不断下滑，日本政府趋向于稳定发展战略，在政策上限制造船产能，近来较少进行海外规模扩张，但日本造船企业凭借其雄厚的技术积累、注重产业结构调整和不断提高生产效率的传统，仍然保持着很强的生产效率。随着金融危机后订单需求量的急剧增加，为应对生产压力和缓解对基础生产设施的需求压力，日本造船企业通过调整生产组织方式、重启平行建造法和旧有船坞等措施增加产能；大规模重组行业企业，优化资源配置、降低资源浪费。一系列举措进一步提高了日本造船企业的生产效率和生产能力。20 世纪 80 年代末，韩国造船业出现经营危机，韩国政府强势干预造船业的发展，明确规划企业造船设备扩增规模，将造船企业的投产和规模扩张纳入行政审批程序。2007 年全球造船热潮中，韩国造船企业大规模海外扩张，之后金融危机爆发，全球市场产能过剩。韩国政府积极进行政策引导，通过行业内企业重组、促进产业内企业专业化分工，控制和缩减产业规模，大幅提高生产效率。就全球船舶行业来看，韩国造船行业一直维持着较大规模的基础设备投资，居于日本之前，且投资集中于规模以上的大企业（占全体投资的 90% 以上）。

（5）融资能力。日本造船企业以民营为主，造船企业数量庞大但集中度较低，这使得资源分布较为分散。随着近来中韩两国造船行业的迅猛发展，迫于造船成本上升和效益下滑的压力，日本政府通过出台产业集中促进政策，积极引导行业并购与重组，推动船舶企业逐渐向东京、横滨、长崎等沿海地区扎堆，沿集群式方向发展。因此，日本造船产业的集中度不断提高。日本政府十分重视发展和扶持造船行业，通过实施"计划造船制度"等，为造船行业提供积极的资金支持，创造良好的融资条件。日本造船与航运政策的核心主要是通过日本开发银行和输出入银行两家国家金融机构为造船企业提供金融援助和资金保障。政府规定，国内航运公司只要获得造船许可、进入造船计划，即可享受开发银行的优惠造船贷款；对于满足规定条件的建造出口船舶的企业，可获得输出入银行特别提供的优惠出口信贷。20 世纪 90 年代以来，日本政府推出"贸易物资稳定供给融资制度"，加之日本商业金融的发展，造船企业可获得的商业贷款不断增加，持续稳定的船舶融资环境为日本造船行业的发展提供了重要保障。

较高的产业集中度是韩国船舶制造行业一直以来较为显著的竞争优势之一，加之韩国政府一直注重对产业的结构调整，韩国造船产业一直维持着很高的集中度，目前主要呈现出韩国现代重工集团、三星重工、STX（System Technology Excellence）集团等大型造船企业寡头主导的产业局面。韩国政府通常通过为刚成立的造船企业提供低息贷款，扶助造船企业的发展，并于1976年设立进出口银行，为船舶制造企业提供专门的卖方信贷。与此同时，韩国政府还通过税收手段等为船舶企业创造融资方便，推动造船行业发展，如对韩国船舶制造企业全部免除增值税和物品税。但应该指出的是，韩国国内的商业金融较发达国家仍显落后，船舶融资体系尚待系统化发展。

3）战略追赶

外高桥造船企业高层管理团队共享认知模式（认知结构）中第三个核心要素是能力追赶，或者说基于行业竞争者核心能力的战略追赶。如前所述，外高桥造船在开放性的全球市场中，面对国际国内众多竞争对手，特别是要同技术等核心能力比自己领先的日本、韩国造船企业在同一市场领域角逐，其竞争战略的核心在于在行业价值构成因素和核心能力的各方面同竞争对手缩小差距，因此外高桥选择了能力追赶战略。根据认知地图，外高桥造船的能力追赶战略包含三个层面，即目标界定、目标分解和追赶行动，这实际上也是追赶行动的路径。

目标界定：外高桥造船对竞争者能力的追赶，首要前提就是界定追赶的对象和追赶的目标。在前面的分析中，我们阐述了外高桥造船将日本、韩国造船企业作为自己的主要竞争对手。进一步地，我们发现，外高桥造船关注于对日本、韩国造船企业核心能力状况的深入分析，在认知地图中，基于对竞争对手竞争能力的分析，外高桥造船将企业的能力追赶目标界定为船舶总装化、配套社会化、职能复合化、企业规模化、投资多元化，建立现代企业制度等几个方面。①所谓船舶总装化，是指船舶企业将注意力集中于价值链中的核心价值过程，这也是最能够创造竞争优势的价值部分；其核心内涵在于，以最末端产品（整船）形成所必需的船坞、吊车、码头、平台、舾装设施和涂装设备等为核心，其他生产分段、模块、单元则以供应链的形式相联系，同时与其他虚拟中心建立供应链关系，从而快速实现市场对应。②配套社会化是指，船舶总装厂将造船流程中的上层建筑、管件部件、单元模块等中间产品分离出来，交给专业船舶配套企业生产。这种社会化协作模式有利于实现配套产品和部件的标准化和规模化，从而降低造船成本，并有利于产业资源的优化配置。目前主要的配套社会化形式主要有集配中心式、生产协作式和生产基地式[211]。③职能复合化是指为适应造船总装化和配套社会化，企业的管理思想和组织结构、管理模式由传统的"大而全""小而全"模式和纵向思维，向"横向管理思维"和"集成化供应链管理模式"转变。这种新的管理思想认为，企业应当紧抓价值创造的核心关键环节，即产品方向和市场，形成强大的外部资源协调能力和快速市场响应能力；尽可能地将不重要的价值创造和生产环节外包，集中精力进行关键部件生产和研发。职能复合化的关键在于，要求企业从传统的造船销售链思维中脱离出来，形成全新的造船供应链思维；企业管理模式向"企业群的扩展企业的管理"转变，改变过去自身管理的局限性；全新的供应链思维要求造船企业掌握、提高造船供应链管理能力，并成为和扮演好造船供应链核心企业的角色。④规模化是现代造船企业低成本经营、获得市场竞争优势的必然，规模化意味着企业生产能力的领先性。领先的生产能力意味着产量的规模化和低成本化，主要依靠船企生产基础设施的先进化，生产组织管理理念和模式的现代化，以及生产效率的提高。⑤船舶制造是一个资金密集型行业，其发展离不开稳定而持续的资金支持，中国造船企业离不开国家金融政策和融资的扶持，但同时要迫切要求融资渠道的多元化。与此同时，先进的造船理念和组织管理模式也需要与之相匹配的现代化的公司治理制度和企业管理理念提供支持。

目标分解：指导性的总体追赶目标需要落地为清晰、明确、可执行的具体目标，针对上述船舶总装化、配套社会化、职能复合化、企业规模化、投资多元化等目标，结合企业能力和实际状况，外高桥造船制订了相应的具体操作性行动方案和测评指标，方案和具体目标实际上是对日韩标杆企业能力的追赶。

针对船舶总装化的目标，外高桥造船选择中心制造船模式作为自己的生产管理模式，旨在以"产品化"思维改造升级传统的工序制加工方式的造船模式，使船舶建造过程凝练于物资采购、模块制造（中间产品制造）和总装阶段（终端组装）三个阶段。外高桥造船将中心制造船模式的实现分解为精益机构（即生产中心），实现总装化造船的核心在于形成一个快速响应市场、快速生产终端产品的总装造船核心过程运作机构。这就是所谓的精益机构，其目的是实现船坞、吊车、码头、平台、舾装设施和涂装设备核心设施和关键资源的效益最大化、供应链集成和管理及产品导向型作业分解体系三大环节。

针对配套社会化原则，外高桥造船提出将企业管理模式从"纵向一体化"向"横向一体化"进行转变。传统造船企业，在配套市场环境不成熟的条件下，往往采取投入资金自建、控股或兼并等方式，来实现对配套企业的管理和控制，其对原材料、零部件等的供应链的管理模式属于"纵向一体化"。这种管理模式的核心在于船舶制造企业同配套企业间是一种所有权关系，优点是主体企业拥有较大的主动性和控制权，能够把控从原材料供应到产品制造和销售的全过程。然而其缺点也很明显，随着配套市场环境的逐渐成熟和市场需求的日益动态化，"纵向一体化"管理模式不仅阻碍企业对市场机会快速响应的敏捷性，过重的投资负担和过长的建设周期还会给企业带来巨大的风险，虚耗精力和资源。对应配套社会化的方针和目标，外高桥造船采用目前国际上前沿的"横向一体化"管理模式，即通过整合、连接、利用企业外部资源实现市场需求的快速响应，只抓关键零部件的研制，不必要的环节尽量外包、外协。但这绝非传统意义上的技术操作层面的外协、外包，而是在船厂总装化发展方向上，转变、升级企业间的合作和供应链的管理。

针对职能复合化目标，外高桥造船确立了以扩展企业的管理模式为标杆，摈弃传统的单一企业管理模式。传统单个企业的管理模式，以企业资源利用为核心，资源概念仅限于企业自身范围内，往往只从企业自身的角度去思考问题。其代表性管理模式有成组技术、柔性制造系统、计算机集成制造系统等。然而，目前国际造船行业主流的"供应链"思维认为，企业的资源范围不仅仅是企业自身，更应该是一个包含不同类型企业的分工、协作系统，是涵盖制造、分销等各个环节的一个产品转换过程。因此，现代造船企业的管理模式应该是一种供应链管理的概念，即围绕核心企业形成企业间战略合作伙伴关系的一个整体的功能网链结构模式。外高桥造船在建厂之初，就从战略发展的高度，摈弃了传统造船销售链理念，树立造船供应链理念，将"企业群"扩展企业的管理模式作为基本手段，以成为造船供应链核心企业为战略目标，积极提升造船供应链的管理水平。

建厂之初，外高桥造船就把低成本竞争作为企业的经营战略，规划一期工程建设生产能力达到 105 万载重吨/年，二期工程建设生产能力应达到 180 万载重吨/年，对生产船型和产量进行了定位和规划，并不断提升承接船型的"含金量"。在建造周期和生产效率方面，瞄准日、韩企业分别设立自己的追赶目标（表 4.8）。

表 4.8　外高桥二期工程目标船型组合

船型	吨位	数量
VLCC	25 万载重吨	3 艘
Aframax	10 万载重吨	3 艘
Suezmax	15 万载重吨	3 艘
Capesizc	15 万载重吨	2 艘

针对建立现代企业制度的目标，外高桥造船以建设规划为主要形式，积极组建投资多元化、制度现代化、法人治理结构规范化的现代造船企业，追求计算机管理系统的先进化，基础设施建设的高起点化，全面提升员工素质和工作效率，积极探索我国船舶企业的现代企业制度建立之路。

追赶行动：战略追赶认知焦点的第三个层面就是行动。外高桥造船自 1999 年 5 月成立以来，通过坚持不懈的技术学习与创新、管理创新和组织创新，推行工法研究、精益生产和"5S"管理①，采用先进的硬件设施，不断优化生产流程和工艺布局，安装国际先进的造船设计软件 TRIBON，全面普及现代集成制造 CIMS 系统，已成为目前我国建设规模最大（年造船总量超 300 万载重吨）、技术设施最

---

① "5S" 指整理（seiri）、整顿（seiton）、清扫（seiso）、清洁（seikeetsu）和素养（shit-suke）

先进（拥有 30 万载重吨和 50 万载重吨船坞各一个，完整的平面分段流水线三条）、现代化程度最高的大型船舶总装厂，已形成好望角型散货船、阿芙拉型成品原油轮、31.9 万吨级 VLCC、海上浮式生产储油卸油装置等系列生产线。外高桥造船已成为我国唯一一家年造船总量和手持订单同时进入世界十强行列的造船企业，被誉为"中国第一船厂"。

（1）船舶总装化导向下的研发能力的追赶。研发设计是造船的上游活动，直接或间接决定了船企在生产、销售、服务等价值链环节的效率和竞争优势。概括来说，造船行业的研发设计主要包括船型开发、详细设计和生产设计三项工作。首先，船型开发是最为基础的研发工作，原创性要求极高，且需要巨大投资。就中船集团下属各大船厂来看，基本不具备单独开发新船型的能力，而是基本依靠中船集团下属研究所实现。外高桥造船在主要依靠研究所等外部力量的同时，会通过预研工作等主动参与船型研发工作，而在海工产品方面则积极投入资金开展基础研发工作。其次，详细设计是一项关于一艘船舶详细构成（系统设备构成、空间结构、装修等）的、介于基础研究和应用之间的设计工作，是船舶设计的主要任务，一般也由中船集团下属研究所专门负责。外高桥造船投入大量精力和资金，借助联合设计等方式，已在详细设计方面具备一定实力。最后，生产设计主要是对生产工艺流程的安排，其结果以图纸形式呈现，是作业工人的生产依据。外高桥造船的生产设计十分现代化，并以其在生产设计能力积累和深度方面的竞争优势著称。综合来说，外高桥造船研发能力的追赶主要具有三个特点，一是积极向国外领先企业学习（主要是韩国企业），通过联合设计逐渐累积经验，学习中追赶和创新，注重研发投入；二是从组织结构和运行方式上找突破口，通过合理的组织安排协调专业化和一体化，最大限度调动组织的协作力量；三是通过减少流程设计环节等变革，紧密衔接研发活动与生产作业、营销、采购、物流等职能。

（2）生产组织体系变革。在总装化造船思想和理念的导向下，外高桥造船将中心制造船模式作为自己的核心造船模式，将精益机构和精益管理作为战略目标。为实现中心制造船体系结构，外高桥造船详细研究和参考"分散型"、"紧凑型"和"生产中心"三类生产组织类型，合理选择生产组织和总体布局设计的原则，最终选择生产中心制作为外高桥造船公司的生产组织形式。首先，建立阶段生产中心和终端产品生产中心（包括切割中心、栖装中心、总装中心等在内的七大中心）。其次，建立基于"中心制"的计划和质量等体系。设立生产运行部，执行生产计划的平衡和发布职能，各中心内部各部门依据中心制订的月计划，建立作业区的周计划及作业组的日计划。生产运行部还建立了包含质量、精度、工时、设备和安全等管理事项的信息反馈体系。最后，为建立 S-CIMS 构架，引进和建立生产设计系统，设立造船数据生成中心，并执行、负责工程任务包的分解。

（3）信息化技术管理与应用。信息化技术和计算机应用水平是外高桥造船实现总装化造船的四大支撑体系之一,也是造船企业市场竞争能力的主要决定因素。为引入信息化技术,提高公司信息化管理水平,外高桥造船投入了大量资金和精力,大体经历了从无到有(引进国外管理系统),从有到优(消化、吸收、优化),从优到新(结合实际开发、创新)三个阶段。2004 年,外高桥造船开始引进韩国的 CIMS 管理系统,通过在使用中不断学习,并结合现代造船管理理念对其进行了深入消化吸收;实施网络化和设置计算机中心,对企业生产、管理、财务、设计及物料供应等全部环节实施信息化管理改造;到 2008 年又开始对该系统进行改进,成功开发出基于网络平台,以设计、物资和生产模块为主线,对物流、信息流、资金流进行"三流合一",实现信息技术、现代管理技术和制造技术"三术结合"的 SEM 造船企业管理系统。为了兼顾不同部门、专业在现场操作使用方面的不同需要,外高桥造船对系统进行了深入开发、细化,实现了现场信息化应用与公司信息化系统的接轨。

(4)企业规模化。作为瞄准世界一流船厂目标的国内最先进造船企业,外高桥造船首先瞄准世界先进的造船设备。在前两期工程中,投产两座船厂标志性船坞,每坞配备两台 600 载重吨龙门吊(国外设计,国内制造、协作配套)及六台 32 载重吨门座起重机。对于生产中心内场的生产设备选用,遵循先进、实用又符合国情的原则。以船体部分为例,主要生产设备有流水线 6 条,自动或数控切割机 9 台,21 米×200 载重吨船用三辊弯板机 1 台,1 000 载重吨移动压头门式油压机 1 台等。

我们对外高桥造船战略追赶行动路径的内涵与特征概括如图 4.8 所示。

企业	日韩造船企业		外高桥造船	
	竞争者分析 ⇒ 目标界定 ⇒		目标分解 ⇒ 战略行动	
船舶设计和建造技术	敏捷制造理念计算机辅助设计	船舶总装化理念计算机辅助设计	关联策略:联合开发、合作共建、网络学习;采用中心制造模式	船舶总装厂概念主导设计思路;生产组织体系变革;计算机应用;先进设备、基础设施投入;管理创新变革
生产管理/造船模式	标准化生产分段造船法	职能复合化壳舾涂一体化	实施现代供应链管理模式;采用中心制造模式;现场管理标杆	
配套产业水平	高国产化率	配套社会化	"纵向一体化"向"横向一体化"转变;单个企业管理模式向扩展企业的管理模式转变	
企业规模/生产能力	企业大型化	企业规模化	分阶段制定产量目标;其他量化指标	
融资能力	政府政策扶持良好金融环境	投资多元化、建立现代企业制度	现代化的公司治理制度;现代企业管理理念;政府政策支持;政治关联;融资渠道多元化	

图 4.8　外高桥造船战略追赶行动路径

4.4.6 外高桥造船共享管理认知的逻辑及内涵——标杆追赶

通过对认知地图的分析，我们发现外高桥造船的认知地图具有这样的特点：①管理者认知结构呈现中心辐射式的特点，认知概念围绕三类核心焦点分布，逻辑具有布序特点；②尽管管理者认知回路分为明显的三种类型，但每一种认知回路均具有"目标→方法→行动"的路径和逻辑特征；③"标杆→能力追赶"是贯穿外高桥造船管理者认知模式的主线和核心规律，也就是主导逻辑。

结合对案例的分析可以发现，"标杆→能力追赶"是贯穿整个外高桥造船发展历史的主线。外高桥造船拥有较高的制度地位，特别是其背负着国家对于发展、壮大中国船舶制造行业的重大使命，在资源、政策方面都具有一般企业所不具有的优势。然而，囿于造船行业自身的技术、市场等特点，以及为了实现国家的战略发展期望，外高桥造船必须面对全球开放性市场结构下的特征和要求，遵循行业普遍产品价值规律和发展规律（即行业逻辑），研究和满足全球客户（船东）的价值需求。换言之，外高桥造船要同全球竞争者按照相同的游戏规则进行比赛（竞争），然而同国外竞争对手相比，比赛的起跑线或者说运动员的素质却并不相同，这是由中国船舶制造企业在技术能力、市场经验、资源条件等方面的后发劣势决定的。处于后发劣势的外高桥造船所选择的竞争逻辑是，研究并深入理解造船行业的价值规律、全球用户（船东）的价值需求内涵和特征，在确定目标（目标用户群体、战略发展目标、绩效目标）的前提下，精准界定竞争对手，并将其作为自己的学习标杆，细分竞争元素和能力目标，通过不断地学习、模仿，最终实现对竞争对手（标杆企业）的能力追赶、超越。就横向而言，这种"标杆→能力追赶"的思维模式体现在目标界定、方法逻辑和行动逻辑的各个层面；从纵向方面，又贯穿于企业发展的始终。因此，我们将外高桥造船公司的这种主导逻辑称为"标杆追赶"逻辑。概括来说，转型经济下中国装备制造企业"标杆追赶"主导逻辑的内涵主要表现为以下三点。

1）基于行业价值规律

如前所述，外高桥造船所面临的发展环境是全球化市场和开放性的竞争结构，这意味着，外高桥造船同国际国内企业以相同的用户（船东）为目标开展产品竞争，因此必须遵循行业普遍的发展规律和价值规律，没有发展的特殊空间。从企业核心竞争力层面来说，行业发展的普遍规律是，企业在船舶设计和建造技术、生产管理/造船模式、配套产业水平、企业规模、融资成本等方面所具有的能力构成了船舶企业的核心竞争力，这决定了船舶企业的竞争优势。从用户关注的市场价值构成来说，企业在船舶价格、建造质量、建造周期、可靠性方面能够提供的价值竞争优势是决定船舶企业市场竞争优势的关键。这两条规律构成了船舶企业生存发展必须遵循的竞争法则，外高桥造船选择将其作为企业发展的驱动力和发展基础。

2）聚焦核心能力

标杆追赶逻辑的另一个重要内涵特征是"聚焦核心能力"[6, 204]。在外高桥造船看来，企业处在全球化经济背景和开放性市场结构下，即在相同的游戏规则下同对手竞争，必须以行业发展的普遍规律作为发展法则，因而能力的培育和追赶是核心途径。概括而言，聚焦核心能力意味着三个方面的内涵：①将核心能力作为发展的核心途径。如前所述，企业在开放性市场结构下面对全球无差别竞争，订单的获得没有体制内的保障，全球化的用户通过比较船舶产品在价值提供方面的优劣来确定订单归属，因而船舶企业靠的是实打实的价值创造和供给能力比拼来获得竞争优势的，容不得半点虚假。②关注竞争者的核心能力。一方面，企业的市场竞争归根结底是同对手能力的比拼（开放性市场结构），因此竞争对手的实力是企业能力发展的基本参考；另一方面，中国本土造船企业普遍缺乏技术积累，在技术能力上处于后发状态，学习和追赶是必然的能力发展方式，因而必须对竞争对手的实力状况有清晰的界定和认识。外高桥造船鉴于其能力发展定位和市场群体的目标预期，将日、韩企业作为其基本的竞争对象，在具体的能力追赶对标中，综合考虑多方面因素，将韩国造船企业作为自己的学习对象。③通过能力的追赶实现竞争优势。与大连机车通过聚焦任务和技术储备来实现竞争优势不同，造船企业对"能力"有更为宽泛的定义，能力的追赶是一个全方位、体系化的竞争能力打造过程，如案例中描述的那样，企业的能力追赶包含了设计和建造技术、生产管理/造船模式（组织和系统运营）、配套产业、企业规模、融资能力等诸多方面，不一而足。

3）标杆追赶

外高桥造船企业主导逻辑的第三个核心内涵特征是"标杆追赶"。管理理论中的"标杆"是指搜索、确定一个先进典型作为榜样，通过对其各个优势指标进行解剖，研究其成功背后的要素和机理，进而制订自己的学习计划，通过对照和比较发现并解决企业自身存在的问题，从而最终赶上和超越标杆对象的一个持续、渐进的学习、变革和创新过程。我们通过对外高桥造船的案例研究发现，"标杆追赶"在外高桥造船不仅仅是一种学习、追赶的行动方式，更深层次的，它还是一种思维理念。首先，外高桥造船的发展理念和愿景就是赶超国外先进造船企业，成为世界一流造船企业。企业成立的初衷，就是承载和实现国家对于壮大和发展中国造船行业的梦想和美好愿望，以及打造国内世界先进水平造船企业的愿景和使命，这就决定了企业必然要对国际先进造船企业进行追赶和超越。其次，历史的发展经验表明，美好愿景和企业使命的实现不能靠凭空想象和闭门造车，全球化的竞争环境和开放性的市场经验更是要求企业遵循客观的行业发展逻辑和价值规律，加上技术储备的薄弱性和技术能力的后发性，外高桥造船走出了一条"竞争者能力研究→确立自身核心竞争能力的目标→能力追赶行动"的核心发展路径，发展路径的核心思想在于"标杆确立→目标界定→能力追赶"，这本质上是一种标杆思想。最后，对于具体的能力追赶行动，外高桥造船遵循着"标杆界定→目标分解→目标追赶"的路径进行，其核心法则和思想本质更是典型的标杆管理思维。

综上所述，我们将这种主导和贯穿于整个外高桥造船发展历史的，在确定目标前提下，精准界定竞争对手，并将其作为自己的学习标杆，细分竞争元素和能力目标，通过不断地学习、模仿，最终实现对竞争对手能力追赶、超越的"标杆确立→目标界定→能力追赶"的思维模式称为"标杆追赶"逻辑。

图 4.9 为外高桥造船在每一核心能力构成要素上对竞争对手的标杆追赶。

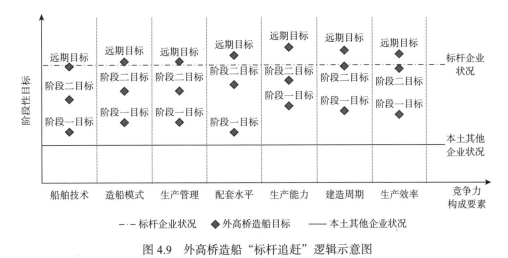

图 4.9　外高桥造船"标杆追赶"逻辑示意图

4.5　主导逻辑类型三

4.5.1　案例企业选择与数据搜集

1）案例企业选择

本章的研究工作结合案例研究典型性原则[180]，同时考虑制度地位、市场结构及产品技术特征三大特征维度，决定以三一重工业集团有限公司（以下简称三一集团）和三一重工的创业历程及主要创新事件作为案例样本。笔者及团队共同认为该案例能够代表本书所要研究的一类典型企业及这类企业的主导逻辑特征。

首先，三一重工是中国装备制造企业的典型代表。成立于 1989 年的三一重工，目前是中国第二、全球第八的工程机械制造商，是国内最大混凝土机械厂商。2003 年 7 月三一重工 A 股上市，2011 年入围 FT（*Financial Times*，即《*金融时报*》）全球市值 500 强（唯一中国工程机械企业）。产品范围涉及混凝土、筑路、挖掘机械及风电设备等全系列产品，挖掘机械等多个品类为中国第一品牌，混凝土泵车连续多年保持产销量全球第一。2012 年，三一重工并购混凝土机械全球第一品牌普茨迈斯特。因此，三一重工能够代表一类本土技术先进、勤于创新的企业，并且战略发展模式具有很强的典型性，其经营管理模式也入选了哈佛案例。

其次，考虑其创新发展实践的代表性。三一重工梁稳根及其核心创业团队是从技术含量较低的焊接材料行业半路出家进入技术密集的工程机械行业，而此前乃至现在，很少有民营企业会进入国企林立、竞争态势复杂的装备制造行业的，因此其战略思维逻辑具有显著的研究价值；三一重工自成立以来，强敌环伺，在国有企业和跨国公司的夹缝中艰难成长，其创业创新历程也是中国制造企业驱逐国外企业的历史缩影，特别是其突破技术封锁、形成市场优势的战略思维，值得本土企业学习和思考。

最后，三一重工与本书的研究主题高度契合。三一重工属于为数不多的装备制造领域的民营企业，并不具有前面所选案例企业那样的制度地位和较高的政策待遇，甚至其发展历程始终都在为克服同国有企业相比的弱势而努力；三一重工所在的工程机械领域虽然涉及复杂产品系统，但其行业基本对非国有性质企业开放，行业监管较为宽松，进入门槛不像机车行业那样高，因此行业竞争十分激烈，汇集了国内外各种类型的企业。这类企业的主导逻辑显然不同于前两类企业，具有一定的代表性。

2）案例企业介绍

1989 年，三一重工的母公司三一集团在湖南涟源正式创立，创始人是梁稳根。"三一"的名称起源于"创建一流企业，造就一流人才，做出一流贡献"的企业愿景。公司标榜"致力于将产品升级换代至世界一流水准"，多年来一直坚持将销售收入的 5%~7%用于研发，居国内行业首位。其研制的 66 米泵车、72 米泵车、86 米泵车刷新了世界纪录，并成功研制世界第一台全液压平地机、三级配混凝土输送泵、无泡沥青砂浆车，亚洲首台 1 000 吨级全路面起重机，全球最大 3 600 吨级履带起重机，中国首台混合动力挖掘机，全球首款移动成套设备 A8 砂浆大师等。作为一个全球性企业，三一重工的业务已覆盖全球 100 多个国家和地区，国内拥有跨越东西南北的六大产业基地；在印度、美国、德国、巴西建有四大研发和制造基地。三一重工创业历程与创新里程碑事件如图 4.10 所示。

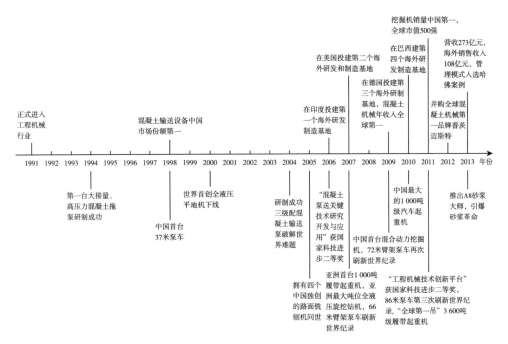

图 4.10　三一重工创业历程与创新里程碑事件

3）案例资料搜集

鉴于本节研究主题——主导逻辑的内涵与认知特性[10]，通过客观翔实的资料完整构建企业发展历程的整体图景是关键所在。结合资料可得性的考虑，我们主要通过搜集二手资料为主，一手访谈数据为辅，力图通过使用多种数据来源，获得对研究现象多视角的描述[212]。一方面，作为一家公众认知度和曝光率较高的企业，其公共数据充裕，公开资料足以涵盖研究企业主导逻辑所需；另一方面，为了避免访谈由印象管理（impression management）和回溯性释义（retrospective sensemaking）带来的误差[16]，本书仅仅将访谈作为辅助性数据获取方式，帮助启发研究者并核实关键数据和信息[212]。按照主导逻辑的提出者 Prahalad 和 Bettis 的观点，仅仅依靠对当事人的访谈确实不利于主导逻辑的归纳和揭示。因此，本书对资料搜集的要求是：①通过尽可能多的来源收集数据，所搜集资料必须能够全面回答和涵盖研究所涉及的问题；②对数据进行严格的三角验证，剔除不可靠的内容，最大限度保证数据的真实性，提高研究效度和信度[16]；③为此，我们对曾经为三一重工做过咨询的顾问进行了访谈，以保证所使用的数据是"可靠"的，通过访谈对不可靠和存在争议的事实进行了删除。

1986 年梁稳根、唐修国、毛中吾、向文波、袁金华等五人开始创业以来，三一重工核心管理团队成员构成基本没有太大变化，且在战略发展理念和思路方面主要以梁稳根和向文波为核心，因此我们通过以下途径收集资料：①梁稳根、向文波等核心管理团队成员在各种公众场合的讲话、采访资料；②梁稳根及其团队成员公司内部讲话、公司网站公开信件、工作感悟等；③公司历年重大事件、战略活动、技术创新活动与成果；④公司年报、并购活动的相关报道和研究，以及其他三一重工相关学术性、非学术性报告等资料；⑤对三一重工曾经的咨询顾问进行访谈。

4.5.2　三一重工认知地图绘制

基于绪论研究设计部分对认知地图方法的介绍，我们确定了案例研究的主要步骤和环节：①整理多种数据收集方式获得用于认知地图分析的三一重工有关材料，逐行逐句分析，将语句转化成概念，并反复同访谈者或其他材料提供者进行确认（表 4.9）；②将原始资料进行编码和概念化等处理，转换成变量的形式，并确立变量之间的逻辑关系；③按照案例分析所发现的三一重工阶段划分标准（价值活动），通过箭头等形式将变量和变量之间的关系呈现为认知地图；④根据认知地图对材料进行变量和逻辑关系分析，并根据分析结果进一步对三一重工主导逻辑的核心范畴、概念内涵及其特征进行分析和阐述，从而最终得出研究结论[126]。

表 4.9　三一重工认知地图编码示例

典型引用	初始范畴
三一重工要进入的正是国企林立的地方，那里竞争不充分，民企优势强	比较竞争优势
某种产品的进口替代性强，说明它利润丰厚	进口替代性
我们一个机械行业的从业人口比澳大利亚一个国家的人还多，这是多么大的一个优势	人力成本的比较优势
这个行业的特点是多品种、小批量、劳动密集、技术密集，……同时又包含很多复杂的技术，如智能控制、材料技术、液压控制	行业技术复杂度
包含很多复杂的技术，如智能控制、材料技术、液压控制，而中国的人力优势不仅体现在生产线上的工人，还有大批一流的人才，他们愿意从事这个产业，尽管他们的薪酬只是国外的几分之一	行业比较优势
对于如何发展工程机械行业，梁稳根也有自己的考虑。他认为做企业就好比射击比赛，选择何种行业就是选择打"飞镖"还是打"固定靶"的问题。像美国硅谷的企业那样做高科技行业，就如同打"飞镖"，需要押上巨大资金研发新技术，因而没有几个中国民营企业可以承受这样的风险	技术稳定性
梁稳根认为，当时的中国工程机械行业，市场基本由国外品牌主导，但价格高昂，国内厂商要么不能生产，要么因缺乏技术而质量低劣，无法满足持续快速发展的国民经济和日益增长的市场需要，客观上存在一个"进口替代"的市场空间	市场发展空间

按照上述步骤，我们绘制出三一重工认知地图，如图 4.11 所示。

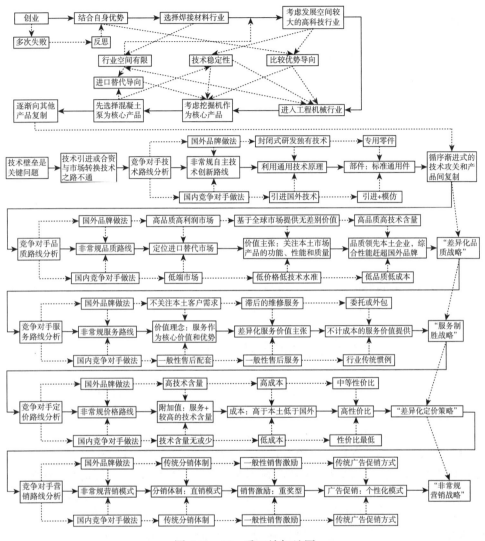

图 4.11　三一重工认知地图
实线表示主要的认知路径，虚线是对主要路径的佐证和说明

4.5.3　三一重工认知地图变量分析

首先，就图 4.11 的总体特征而言，三一重工的认知地图具有显著的瘦长型和族群[126]特点。可以看出，三一重工的认知地图明显被划分为六个族群。接下来，我们将按照六个族群来进行对比、综合分析。我们对认知地图中的核心变量和联系数量进行了归纳（表 4.10）。

表 4.10 三一重工认知地图的核心变量和联系数量

核心变量	联系数量
选择焊接材料行业	3
考虑挖掘机作为核心产品	5
行业空间有限	4
技术稳定性	4
比较优势导向	4
进口替代导向	3
竞争对手技术路线分析	4
……	……
差异化定价策略	4

注:"核心变量"指认知地图中与 3 个以上变量有直接联系的变量

从核心变量的分析可知,三一重工认知地图中的概念重要性成均匀分布状态,这说明我们需要对已有变量进一步归纳,这项工作将在后面进行。

4.5.4 三一重工认知地图路径分析

进一步地,我们对外高桥造船认知地图中的关键回路进行分析。对认知地图(图 4.11)的分析可以发现三条泾渭分明的逻辑回路(表 4.11)。第一条回路可以简单概括为"创业→结合自身优势→选择焊接材料行业→结合行业比较→进入工程机械行业→考虑挖掘机作为核心产品→先选择混凝土泵为核心产品→逐渐向其他产品复制",该路径反映的是企业在创业成功(后期表现为"企业做大做强")的核心使命与目标的驱动下,认知企业自身资源与能力状况、行业规律和市场机会,实现企业自我发展的基本路径和逻辑。结合三一重工的实际案例情境,该逻辑路径本质上是企业发展的前提和基础,是企业认知自我、确立自身目标的基本逻辑,解决企业"我是谁"的自我认知和发展动力问题。

表 4.11 三一重工认知地图关键回路及其特征

战略认知回路	三一重工认知地图路径	三一重工认知地图核心路径(归纳)	概念内涵	基本特征
回路一	创业→结合自身优势→选择焊接材料行业→考虑发展空间较大的高科技行业→进入工程机械行业→考虑挖掘机作为核心产品→先选择混凝土泵为核心产品→逐渐向其他产品复制	创业→结合自身优势→行业选择→结合行业比较→进入工程机械行业→考虑挖掘机作为核心产品→先选择混凝土泵为核心产品→逐渐向其他产品复制	身份与目标逻辑	本质是组织自我认知,是企业确立发展目标、战略意图、价值观等的基本路径,解决企业"我是谁"的基本问题,是企业发展的前提和基础

战略认知回路	三一重工认知地图路径	三一重工认知地图核心路径（归纳）	概念内涵	基本特征
回路二	技术壁垒是关键问题→技术引进或合资与市场转换技术之路不通→竞争对手技术路线分析→非常规自主技术创新路线→利用通用技术原理→采用标准通用件→循序渐进式的技术攻关和产品间复制→竞争对手品质路线分析→非常规品质路线→定位进口替代市场→关注本土市场产品的功能、性能和质量→品质领先本土企业，综合性能赶超国外品牌→差异化品质战略→竞争对手服务路线分析→……→竞争对手营销路线分析→非常规营销模式→直销模式→重奖型销售激励→个性化广告促销模式→"非常规营销战略"	竞争对手分析→基于比较优势设计独特方案→基于差异化战略的比较优势实现	核心路径逻辑	本质是企业发展的核心路径（routine），解决企业"向哪儿去"的战略性、方向性问题
回路三	逐渐向其他产品复制→循序渐进式的技术攻关和产品间复制→"差异化品质战略"→"服务制胜战略"→"差异化定价策略"→"非常规营销策略"	产品业务选择→循序渐进式的技术攻关和产品间复制→"差异化品质战略"→"服务制胜战略"→"差异化定价策略"→"非常规营销策略"	战略行动逻辑	企业市场竞争、形成和保持核心竞争力的核心思路和基本方式，解决企业"如何做"的业务操作问题

第二条回路可概括为在具体产品业务经营过程中，由技术壁垒等问题引发的"竞争对手分析→基于比较优势设计独特方案→基于差异化战略的比较优势实现"。从该回路的变量内涵和路径特征来看，该路径本质上是企业发展的核心路径（routine），是企业业务如何开展，资源如何配置的全局性、战略性发展逻辑，解决企业"向哪儿去"的战略性、方向性问题。

第三条回路可以概括为三一重工关于如何进行具体战略行动的逻辑路径，表现为"逐渐向其他产品复制→循序渐进式的技术攻关和产品间复制→'差异化品质战略'→'服务制胜战略'→'差异化定价策略'→'非常规营销策略'"。进一步归纳可以发现，该路径实际上围绕产品选择、技术、品质、服务、定价、营销六个价值链环节展开，开展差异化战略，实现比较优势的具体行动路径，是关于战略目标如何制定、实施，企业如何经营，如何与竞争对手竞争及业务如何开展的具体行动逻辑，解决企业"如何做"的业务操作问题。

4.5.5　三一重工管理认知的关注焦点

认知地图分析方法在分析企业管理者的认知焦点、战略逻辑和过程方面有很好的效果，然而要全面把握企业管理者认知的核心范畴和内涵，还应该对认知地图所呈现的变量作进一步的归纳和提炼，从而实现最终的理论构建目的。从核心变量的分析可知，三一重工认知地图中的概念重要性成均匀分布状态，这说明我们需要对已有变量作进一步的归纳。为此，我们借鉴扎根理论的原理和思想，根据上述认知地图分析所得出的三条核心路径，对每条路径涉及的核心变量进行归纳，合并相似变量，逐步提炼核心范畴。

具体方法就是在前述核心变量的基础上继续发展更加抽象的类别，即选择核心范畴，将其系统地与其他范畴加以联系，并将之概念化和理论化。回归案例的具体情境，基于解释案例现象的需要，将表 4.11 所归纳出的核心变量进一步地抽象和提炼，从企业高层管理团队认知关注焦点的层面，归纳得出三一重工管理者认知模式三大关注焦点类型（即核心范畴），如表 4.12 所示。

表 4.12　三一重工管理者认知模式关注焦点

关键变量	核心范畴
行业发展空间	本土市场独特性
进口替代导向	
通用技术	
非常规品质路线	
差异化定价策略	
服务制胜战略	
非常规营销战略	
技术稳定性	自身资源禀赋与潜在能力
技术复杂性	
非常规自主技术创新路线	
进口替代	
比较优势	
服务价值供给	
竞争对手技术路线分析	竞争者
竞争对手品质路线分析	
竞争对手服务路线分析	
竞争对手定价路线分析	
竞争对手营销路线分析	
国外品牌做法	
国内竞争对手做法	

1）关注焦点概述

本土市场独特性：以行业的选择为例，将"行业发展空间"作为核心考虑因素的背后，本质上是企业对本土市场需求特点的关注、感知和理解。

本土市场独特性：处于新兴市场经济和转型经济双重背景下的中国，其经济环境和市场特点与西方市场经济的特点有很大差异，这种差异使得企业对于发展空间的关注程度和理解也有所不同。梁稳根对于发展空间的理解是适应国民经济和市场需求发展趋势的行业，才是真正具有发展空间的行业。因此，梁稳根毅然舍弃焊接材料行业和家乡涟源，而选择大行业——工程机械行业和大城市——长沙。而对于一般人所认知的"工程机械行业是夕阳产业"，梁稳根同样持相反的观点，鉴于中国改革开放和国民经济发展所释放出的需求潜力，在其他人眼中的夕阳产业恰恰是"朝阳产业"（梁稳根）。而这正是由独特的本土情境（新兴市场经济国家和转型经济）所决定的。因此，对于"发展空间"的关注，本质上是对于独特的"本土市场情境"的深刻理解和关注。同样，在另外六个逻辑层面，本土市场的独特性也是核心考虑因素之一，如产品选择中的"进口替代性"，技术、品质、服务、定价、营销逻辑中的比较优势方案设计，都体现了"本土市场独特性"在认知关注要素中的核心地位。

自身资源禀赋与潜在能力：在行业选择中，对于"技术稳定性"的关注，体现出梁稳根及其团队对于自身资源禀赋与潜在能力的关注（表现为梁稳根对于同样属于发展空间大的高科技行业的舍弃）[213]。也就是说，只有与自身资源和能力适配的行业，才是可以进入和发展的领域。需要注意的是，三一重工对资源与能力的定义不同于一般的本土企业，而是指通过技术学习等活动可以获得的潜在资源与能力。一个关键的证据是，尽管没有任何技术基础，但梁稳根及其团队认为，通过整合本土丰富廉价的工程技术人才资源，一样能够获得技术能力和技术优势。而在其后的产品选择、技术方案设计、品质定位、服务模式等模块中，基于本土独特资源禀赋（人才、人力成本等）和企业自身能力范畴制订具有相对比较优势的竞争方案，是企业贯穿始终的战略战术模式。主导何种产品、定位于何种品质、如何获得及怎样获得技术、提供什么样的服务等，这些都基于企业现有及潜在的资源禀赋与能力。换言之，企业能够做什么、怎么做，要看企业是否能够凭借现有或潜在可整合资源与能力获得比较竞争优势。

竞争者：在三一重工的战略认知思维中，核心构成要素便是竞争者。在三一重工价值创造的各环节中，对竞争者状况（竞争者的市场定位、价值主张、品质定位、服务模式、定价、营销模式等）的分析是企业制定战略和开展竞争的前提；在竞争方案的制订之前对比较优势元素的关注，在战略行动中以比较优势的构建为导向，这些都体现了竞争对手在其认知结构中的重要性。实际上，三一重工所处的市场领域不仅竞争激烈，同时其竞争格局异常复杂，存在三种基本的竞争势力：一种是具有较强的资本实力、品牌实力和技术实力的国外企业，第二种是拥有中央和地方政府背景的国有企业，其往往具有一定的资本实力或政策性资源支持，总体战略上采取跟随模仿策略，技术上采取引进消化吸收策略；第三种就是三一重工这类民营企业，其通常不具有雄厚的资本和技术实力，但是具有很强的市场经验和商业模式，战略灵活性和动态学习能力较强。

2）关注焦点深度分析

为了更好地理解三一重工管理者认知的核心关注焦点特征及其逻辑内涵，我们以上述分析为基础，再次回归案例情境。通过进一步分析，发现整个案例可以划分为七类价值链活动。因此，我们接下来以价值链为主线，以价值创造的七类活动为细分分析单位，基于认知地图的发现，将案例现象分别以图表的形式呈现。

（1）行业选择。1986 年，梁稳根和他的团队在经历了数次失败创业尝试后，终于在焊接材料行业取得成功，梁稳根归结创业成功的关键是"创业必须结合自己的优势"。进入 90 年代，梁稳根认为焊接材料行业市场容量太小、发展空间有限是导致企业发展规模停滞不前的主要原因。为了打破企业的瓶颈，梁决定选择一个发展空间更广阔的新行业。因此，四个被梁稳根认为发展空间较大的行业——高科技行业、通信设备行业、汽车行业和工程机械行业成为其潜在选择对象。经过一番思考和详细的行业、市场调研后，梁稳根认为，高科技行业技术投入要求和风险是民营企业不能承受的。而工程机械行业技术较为成熟和稳定，可以通过长期投入跨过技术壁垒。更重要的是，中国大量的工程技术人才和廉价劳动力为发展工程机械行业提供了比较优势。由此梁稳根在 1994 年成立三一集团，正式进入工程机械行业领域，开始二次创业。

梁稳根对于行业特点和发展规律的认知具有独特性。在当初讨论是否应该进入工程机械行业时，团队的多数成员对于进入一个完全陌生的行业表示质疑。首先，工程机械行业是一个夕阳产业，而且目前只有国有企业和跨国企业在做，竞争十分激烈；其次，这个行业属于技术密集型产业，而团队自身并不掌握技术，对该行业也完全不了解。而梁稳根认为，当时的中国工程机械行业，市场基本由国外品牌主导，而且价格高昂，国内厂商要么不能生产，要么因缺乏核心技术而质量低劣，无法满足持续快速发展的国民经济和市场需求（包括数量和质量），客观上存在一个"进口替代"的市场空间。因此，中国工程机械行业是一个处于产业生命周期高速成长阶段并且非常有赢利潜力的行业。

更重要的是，本土企业，特别是民营企业具有发展工程机械产业的比较竞争优势，那就是中国几十年工业发展积累的工程技术人才和廉价劳动力优势，为初入局的中国企业免除了人工和技术之忧。

图 4.12 为梁稳根及其核心团队行业选择逻辑的思考认知图式。可以看出，"市

场发展空间"、"技术稳定性"和"潜在比较优势"是梁稳根及其核心团队进行行业选择的考量依据。而其对于行业特点和规律的认知也与传统观点有很大的差异。

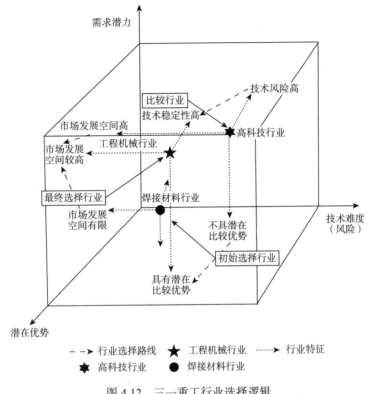

图 4.12　三一重工行业选择逻辑

（2）产品与业务选择。初入工程机械行业的三一重工，面临技术零基础、资源禀赋差异和经验、能力缺乏等诸多方面的不利，在这种情况下，梁稳根决定以产品为业务单元，集中优势资源逐项攻坚，先选择一个有把握做好的产品，集中力量将其做到市场领先后再进行下一项产品的开发。对于首先选择何种产品作为核心业务，三一重工首先考虑的是所选择产品是否具有"进口替代性"（国内市场需求紧俏，而国内企业尚不能生产，只能依赖进口的产品），因为进口替代性意味着高市场潜力和高利润水平。然而，"进口替代性"同时也意味着国内尚不能掌握相关生产技术，这对于三一重工这样的民营企业来说是不可逾越的障碍。因此，所选择的产品还要满足"技术复杂性"不能太高这一条件，而且"技术复杂性"也决定了能否快速形成"比较竞争优势"。沿着这一思路，三一重工对多个产品和市场进行了反复调查和研究，决定将混凝土泵作为第一个产品，其认知思维过程绘制如图 4.13 所示。

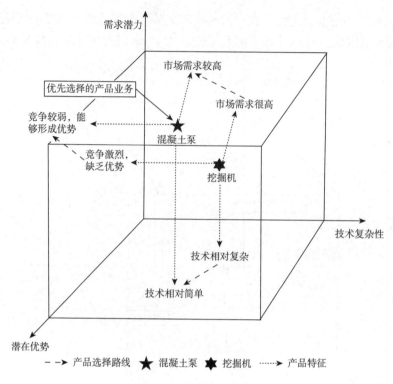

图 4.13　产品选择逻辑

当时挖掘机是市场上最畅销和各厂家争相研发的热门产品（市场份额占全部工程机械近三分之一），三一重工却认为挖掘机的技术较为复杂，很难一步做好（挖掘机驾驶室的研制技术堪比轿车驾驶室的设计，中国挖掘机行业协会也建议三一重工如果没有能力将挖掘机驾驶室的技术做好，就先不要做挖掘机），且市场竞争激烈，三一重工并无竞争优势。而混凝土泵的需求在当时很紧俏，国内企业却不能生产，这正好符合进口替代的条件。混凝土泵研发技术则相对简单，梁稳根认为只要下定决心投入研发，很快便能形成自己的优势。于是，三一重工选择混凝土泵作为自己的第一个"靶"。之后，"当一个产品没做到数一数二的时候，我们不会做第二个产品"成为三一重工相关多元化恪守的准则。

（3）技术发展路线。混凝土泵所属的工程机械行业是一个技术密集型产业，技术壁垒高是行业进入的最大门槛，因此三一重工发展混凝土泵首先要解决的就是技术问题。这也是为什么该行业向来只有国企涉足的原因。当时行业通行的技术获取途径有两条，一是引进国外技术，走技术引进、消化、吸收之路；二是通过与外企合资，走市场转换技术之路。而三一重工很快发现这两条路实际上都不适合自己，引进技术需要巨额资金，合资人家根本看不上自己。更重要的是，当时国内企业已经通过对国外的技术引进、消化、吸收，形成了自己成熟的技术，并已在许多领域内拥有了自己的专利和专有技术；作为新的市场进入者和竞争者，梁稳根认为要形成自己的竞争优势，就不能走技术引进和跟随模仿之路。

1995 年，梁稳根力邀中国液压专家易小刚加入三一重工，开始自主进行技术和产品研发。在易小刚的努力下，三一重工找到了一条"基于产品或元件实现的功能，利用通用机械原理，采购标准配件，自行设计组装"的非传统产品研发路线。在这种思路下，三一重工颠覆了常规引进、模仿国外技术及产品的思维和路径，另辟蹊径，基于每个元件要实现的功能，利用通用机械原理，自己去市场上买标准配件，自行设计组装。一个月不到的时间，一款工作原理完全不同于石川岛产品的集流阀组横空出世。循着这样的思路，三一重工开始对混凝土泵的机械、液压、电气等关键技术进行逐项攻坚。依靠"通用技术+标准化"的技术路线，三一重工的混凝土泵凭借稳定可靠的性能和便宜的价格很快获得了市场成功。图 4.14 为三一重工技术发展路线的认知路径。

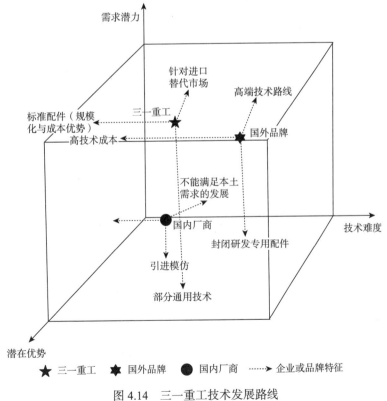

图 4.14 三一重工技术发展路线

（4）产品品质定位。三一重工初入工程机械行业时，中国本土企业还处于该行业的起步阶段，市场上不是性能、品质较差的国产货，就是质好但价高的外国品牌。而梁稳根认为，工程机械行业的特点是客户更关注机器的技术和质量，对于价格并不十分敏感，客观上市场存在一个"进口替代"的市场空间。针对这个市场空间，梁稳根将三一重工的产品定位为技术上领先国内对手，与国外产品比综合性能最优。三一重工通过"非常规技术创新"实施技术领先战略，对主要技术瓶颈和关键技术问题，进行逐一攻坚；针对市场上客户最关心的产品功能、性能和质量问题，提供高于竞争对手可靠性和技术水准的产品。随着国内企业的崛起和竞争的日趋激烈，梁稳根更加坚定应该通过技术创新，坚持在产品价值方面同竞争对手区别开来，他进而提出"品质差异化"的战略理念，"大力开发技术壁垒高、市场竞争力强的高品质产品，替代进口产品，同时逐步进入国际市场"。深入研究客户最关心的产品价值诉求，针对市场上尚属空白的产品类型进行研发，为客户提供差别化、个性化的价值模块。如图 4.15 所示，三一重工在自主技术创新的基础上，通过差异化的市场定位、价值主张和品质战略同竞争对手在产品品质上区别开来。

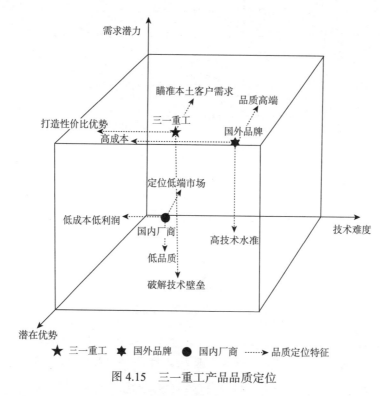

图 4.15　三一重工产品品质定位

（5）服务路线。受行业特点影响，工程机械行业的客户大多属于建筑建设类公司，这类客户最担心机器停工带来的经济损失，因而对设备维修等服务的及时性、完备性要求较高。然而，20 世纪末中国本土混凝土机械企业还很少，市场主要由国外品牌垄断。尽管国外厂商的产品质量较好，但其服务一般由国内经销商提供；由于国内经销商体系不完备、实力弱等，国外品牌基于成本考虑，不重视在服务上进行投入以满足客户需要。

梁稳根敏锐地察觉到这一机会，开始在售后服务上下功夫。一开始是通过改变行业传统做法，不计成本地提高维修服务效率，降低由机器故障停工造成的客户损失。随后他开始在行业中率先提出"终身免费服务"理念，率先提出并实施"保姆式服务"模式，通过个性化的服务策略或模式与竞争对手区别开来。竞争对手纷纷开始跟随模仿三一重工的服务策略或模式，梁稳根坚信，服务模式可以被模仿，但理念精髓难以被复制，于是他提出"前瞻性思维+无止境创新→不断推出革命性的服务举措"的理念，"用偏执的态度，穷尽一切手段，将服务做到无以复加的地步"。短短几年时间，三一重工先后推出 800 服务热线、4008 呼叫中心服务、行业首家"企业控制中心"ECC（error correcting code，即错误检查和纠正）系统、全球客户门户（global customer portal，GCP）网站、行业首家 6S 店直销体系、"211"服务价值承诺、"311"品牌价值承诺等，以超乎对手想象的速度创新服务模式；服务理念也从"保姆式"到"管家式"，再到"一站式"不断升级。通过一次次颠覆行业服务标准，三一重工在为客户提供个性化服务模块、延伸产品价值链的同时，将自己同对手的差距拉大，也将行业的进入壁垒越筑越高。

如图 4.16 所示，三一重工通过在服务价值理念、价值主张和价值实现各环节上与竞争对手形成差距和绝对优势，使自己的产品拥有核心价值，增强了竞争优势。

（6）定价策略。梁稳根认为在工程机械行业，客户更关注机器的研发技术和质量，对价格并不十分敏感。当时本土企业还处于起步阶段，技术上靠引进和模仿，产品质量低劣，大多在走低价格、低价值的"组装工厂"路线；国外品牌经过几十年的积淀，技术好、质量高，但价格也非常高。因此，市场上除了价格低、质量差的国产货，就是品质好、价格高的进口设备，市场客观上存在一个品质好、拥有自主技术而价格适中的缝隙市场。

同时，梁稳根认为自己的产品定位于"进口替代"，通过"非常规的技术创新"和技术领先战略，解决了核心技术的问题，相较于采用技术跟随战略的国内竞争对手，在产品可靠性、技术水准和综合性能上具有领先优势，加上高品质服务带来的品牌效应和产品价值增值特性，自己的产品可以同竞争对手区别开来。即便三一重工同国外大品牌的产品相比，在技术水平上还有差距，却已经能够提供更高的性价比产品。鉴于此，梁稳根认为自己不应该把成本作为定价的主要考虑因素，而应该根据客户的感知价值定价，"走价值竞争的路线"。因此，自第一款产

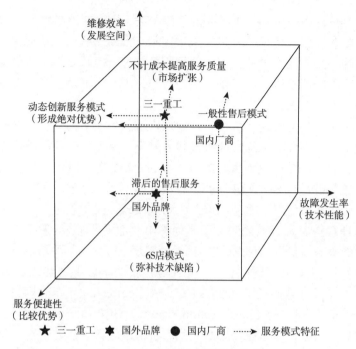

图 4.16　三一重工产品服务路线

品成功推向市场以来，只要有三一重工进入的产品领域，三一重工推出的产品几乎都是国内同类产品中价格最高的，并与排名第二、三位的竞争对手，拉开少则 10%、多则 30%以上的价格差距。高溢价产生了高利润，三一重工的产品利润率一直保持在 40%以上。结果，三一重工成为全行业产品盈利能力最强的品牌。如图 4.17 是三一重工定价策略的思维路径分析。

（7）营销模式。进入工程机械行业之初，不论是卡特彼勒公司、小松集团等国外品牌还是国内厂商，都以经销作为通行的销售体制。三一重工认为，这和他们的"核心业务特征"（以挖掘机为主打产品类型）密切相关。因为"挖掘机这种产品比较低端，其客户群体比较分散，很难直接去寻找客户，所以采用经销制"，三一重工的总裁办主任何发良这样解释。

首先，三一重工认为，自己的主打产品混凝土机械具有不同的产品特征、客户群体和品牌认知度，未必一定要沿用经销模式。首先，不同于挖掘机，混凝土机械产品的客户群体较固定、易识别（主要集中于城市中施工现场附近的搅拌站）；其次，混凝土设备单件产品的价值较高（多在 200 万元以上），经销制不一定是最有效的模式；最后，初入市场的三一重工，品牌知名度和客户认知度远非国外大品牌可比，因而并不具备采用经销模式的基础。因此，在销售模式的选择和销售机制的构建中，三一重工再次打破常规，采用直销模式。在全国各地设

竞争者分析 ⟹ 基于比较优势设计方案 ⟹ 通过差异化战略实现比较优势

定价要素	企业			
	国外品牌	本土企业	三一重工	差异化定价策略
附加价值	高技术性能	无或少	服务+技术含量（较高）	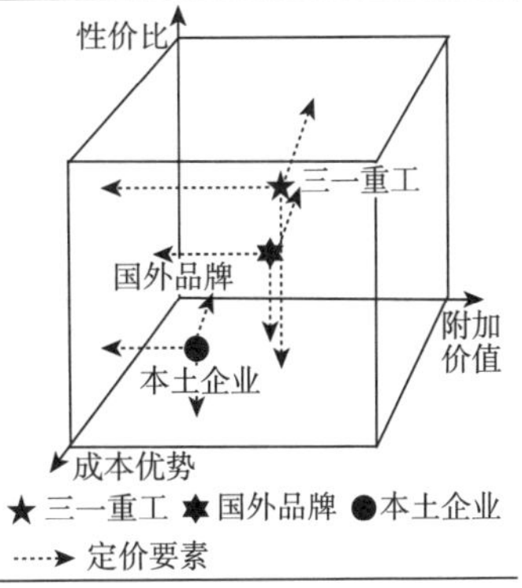
成本	成本高	成本低	高于本土企业、低于国外品牌	
性价比	中等	最低	最高	

图 4.17　三一重工定价策略与路线

立营销网点，组建营销分公司，并派驻庞大的高素质直销队伍。通过构建强大、有效的直销体系，形成完善的营销网络，三一重工实现了低成本并且高效地接触市场，无形中又迎合了市场形势的需要，这为三一重工在市场上的成功起到了至关重要的作用。

为了迅速开拓市场，并配合直销模式，三一重工还开发出一套"敢于重奖"的激励型薪酬体系，主要体现在两个方面。一是区别于行业通行的薪酬模式，二是远高于行业平均水平和全公司平均水平的薪酬与奖励标准。三一重工打破行业常规做法，采用"低基本工资+高额提成标准+高额积分奖励"的薪酬模式。如此一来，每卖一台 300 万元的泵车，销售人员便可以提成十几万元，而行业其他企业则只有这个水平的 60%~80%。同时，营销部门的薪酬水平远高于全公司的平均水平（全公司月平均收入 4 000 元，营销人员则是 10 万~20 万元）。重奖之下出勇夫，不拘一格的激励体制极大地激发了营销人员的积极性（甚至曾经有一名员工因业绩出色而获得千万元的奖励），这使三一重工的产品市场占有率始终名列前茅。

在广告促销方面，三一重工也充分考虑自身在客户群体、产品类型及品牌认可度等方面的具体情况，不拘常规和行业惯例采取差异化的策略。例如，不同于工程机械行业大都喜欢以央视作为广告载体的做法，三一重工选择的是以高端知识分子群体为受众的凤凰卫视，以此契合自身工业消费品的特点及品牌定位。图 4.18 是三一重工营销逻辑的思维路径分析。

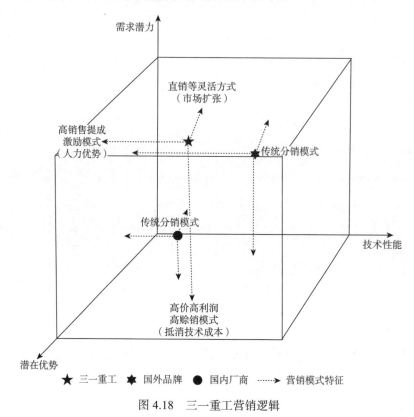

图 4.18　三一重工营销逻辑

4.5.6　三一重工共享管理认知的逻辑及内涵——差序差异

从上面的分析中可以发现，三一重工发展和创新战略的各个环节都包含"竞争者"、"自身资源禀赋与潜在能力"及"本土市场独特性"三个核心关键要素。换言之，三一重工每一项战略行为决策背后都内含对此三要素的考量。接下来，我们将进一步分析这三个认知要素的逻辑关系，从而找到三一重工的主导逻辑，并分析其所体现的内涵与特征。主要的方法是结合扎根理论和案例情境，对三一重工管理者认知地图的内涵和性质进行分析，同时结合案例资料和案例情境（案例描述部分的认知图表）进行互动比较，最终得到以下结果。

（1）基于竞争博弈：各环节认知回路都以竞争对手的特征分析为起始（见案例描述部分的各认知地图）。在选定并进入工程机械行业后，企业的每一步战略行动都围绕如何取得竞争优势进行。这一特征首先体现为，在每个环节的认知回路中，三一重工都以竞争对手特征的分析为起始。这表明，贯穿三一重工创新发展战略全过程的认知与行为主线，是与竞争者之间进行博弈，这个竞争者便是工程机械行业的主角——国有企业和跨国企业。

如前所述，三一重工所处的市场不仅竞争激烈，同时其竞争格局异常复杂，主要存在三种基本的竞争势力。复杂的竞争格局迫使企业必须将大量精力投入关注竞争对手的动态化竞争行为并做出有效应对，游走在异常复杂和多元的竞争格局中的三一重工，唯有在夹缝中通过差别化的市场定位、客户搜寻和独特的产品或服务价值提供与对手进行竞争博弈来争取和优化自己的生存态势[214]。因此，从这个意义上说，三一重工的管理认知具有基于竞争博弈的特点，将竞争者的行为动向作为企业战略行动的参考。

（2）聚焦比较优势构建：关注竞争博弈的结果是要针对竞争对手特征提出解决方案。如案例所述，三一重工针对竞争对手所提出的解决方案均以比较优势[22]为核心原则，即针对竞争对手提出具有相对比较优势的竞争方案。对竞争对手进行分析的目的是能够找到自己具有比较优势的战略方向和解决方案，而最终"解决方案"的核心特征便是充分利用潜在"比较优势"或通过开放式学习、资源配置等手段构建比较优势，即在本土资源禀赋优势或潜在优势的基础上，通过自身学习和能力构建，形成比较竞争优势[30]。在行业选择中，三一重工选择工程机械行业，正是基于当时本土市场两极分化的现状，三一重工抓住国有企业受体制束缚，灵活性不如民营企业这一弱点（其对行业规律和本土潜在比较优势的认知与国有企业截然不同），在核心业务的开展中选择市场竞争较弱、国有企业触及不到的产品领域，在技术路线、产品品质、服务、价格及营销等环节，针对竞争对手的战略和自身资源能力的特点逐项分析比较优势。

（3）差序式的战略差异化行为：企业竞争博弈的核心方式是差异化。在以比较优势获取为导向的竞争方案实施的过程中，具体的战术带有明显的差序式特点，也就是田忌赛马式的差异化战略。换言之，核心原则就是，在价值链的每个环节上尽可能找到差异化特征，从而形成相对优势。而差异化实现的核心在于，凭借对本土市场独特性的深刻理解和把握，提供最能满足本土市场用户需求的价值。如图4.19所示，在价值创造和价值提供的每一环节（技术路线、产品品质、服务、价格及营销等），三一重工都针对竞争者的战略特点，通过差异化的战略战术逐项进行"破解"，从而呈现出田忌赛马式的效果。从总体上来看，三一重工的战略战术特点是同时包含了序列化和差异化的田忌赛马式的战略思维，即差序式的差异化：先选取一个易于突破的行业和产品，通过差异化战略进行市场突破和竞争博弈，在取得竞争优势后，再向下一个产品或行业进行相同模式的复制，而差异化战略也是包含了不同的差异化点、方式，且每一个差异化战略也具有序列化的特点，即重要性序列不同。

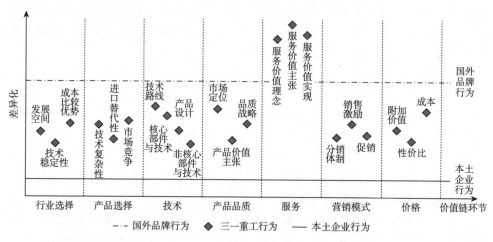

图 4.19　三一重工价值链全环节差异化行为比较示意

因此，在三一重工的战略认知中，"竞争者"、"自身资源禀赋与潜在能力"及"本土市场独特性"是三个核心关键要素，而竞争博弈是战略发展的核心主题。"竞争博弈"并不是什么新奇的理论，但本案例基于主导逻辑的发现所揭示的，是企业将竞争者作为行动参考的一种思维特征与思维习惯，即本土企业在激烈竞争环境和复杂竞争态势下，一切行为都以竞争者的战略、行为特点为依据，找到缝隙空间，通过差异化战略实现自我价值。不论是行业选择之初，还是之后业务开展过程中各价值链环节，三一重工始终将竞争对手的实力状况、竞争战略和市场布局等作为关注重心，将是否具有或能够形成比较优势作为自己战略决策与行动的依据，将构建比较竞争优势作为核心手段和行动方针。因此，"竞争博弈"是三一重工战略的核心和前提，聚焦本土资源禀赋的比较优势构建是"竞争博弈"的实现基础和最终结果，差序式的战略差异化行为则是行动方式和比较优势实现的秘诀，这便是三一重工战略发展的基本逻辑，如图 4.20所示。

综上，纵观三一重工创新发展历程，其纷繁复杂的战略行为表象下隐含着一个贯穿始终的逻辑，该逻辑主导了企业发展的脉络，即基于本土市场独特情境和自身资源能力，以构建比较优势为导向，通过差异化行为与竞争对手进行博弈。我们将这种以竞争博弈为指导思想，以差序式的差异化战略为手段，以创造比较优势为导向的战略思维称为"差序差异"逻辑。显然，三一重工的这种逻辑具有一贯且一致的特点。

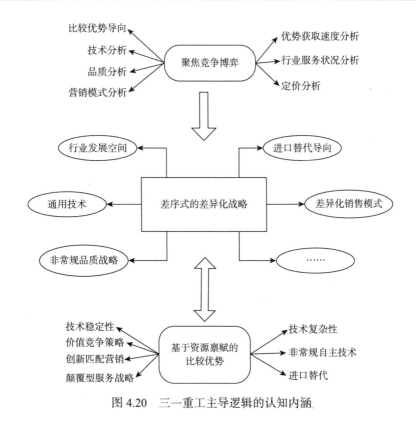

图 4.20　三一重工主导逻辑的认知内涵

4.6　本 章 小 结

根据影响因素的不同维度,在对装备制造企业的主导逻辑进行划分的基础上,本章选取了能够代表三种类型企业的三家典型企业——大连机车、外高桥造船和三一重工,通过探索性单案例研究,对三家企业的主导逻辑进行构念维度的归纳和分析。首先,通过认知地图技术将三家企业的高层管理团队的管理者认知地图完整呈现给读者;其次,利用扎根理论将管理者认知地图中的关键要素——认知关注焦点进行归纳;最后,结合案例和认知地图所呈现的认知特点,对认知关注焦点之间的逻辑关系进行特征归纳和分析,进而得出各个企业主导逻辑的主要内涵和特征。经过严密的案例流程和理论分析,最终我们发现转型经济背景下的中国装备制造企业的主导逻辑主要有三种类型,分别是技术归因逻辑、标杆追赶逻辑及差序差异逻辑。具体而言:①以大连机车为代表的一类装备制造企业,其共享管理认知模式以组织身份/外部任务驱动、关键任务、任务保障为认知关注焦点,其主导逻辑的内涵在于基于外部驱动、任务聚焦和技术导向；鉴于此，我们将这种以技术发展为核心，视技术为生命的组织认知模式概括为技术归因型主导逻辑。②以外高桥造船为代表的一类装备制造企业，其共享管理认知模式以价值构成要素、竞争者能力、战略追赶为认知关注焦点，其主导逻辑的内涵在于基于行业价值规律、聚焦核心能力及标杆追赶；鉴于此，我们将这种通过不断地学习、模仿，最终实现对竞争对手能力追赶、超越的"标杆→能力追赶"的思维模式称为标杆追赶逻辑。③以三一重工为代表的一类装备制造企业，其共享管理认知模式以本土市场独特性、自身资源禀赋与潜在能力、竞争者为认知关注焦点，其主导逻辑的内涵在于基于竞争博弈、聚焦资源禀赋的比较优势构建、差序式的战略差异化行为；鉴于此，我们将这种以竞争博弈为指导思想，以差序式的差异化为手段，以创造比较优势为导向的战略思维称为差序差异逻辑。

第5章 装备制造企业主导逻辑
形成机理研究

第5章围绕"中国装备制造企业主导逻辑为什么是这样"这一问题展开讨论，即第3章所归纳的影响因素是如何影响中国装备制造企业主导逻辑的。主要研究思路是：在第3章和第4章研究的基础上，将第3章所得出的情境影响因素与第4章所识别出的主导逻辑类型相对接。首先，对三个代表性企业进行探索性单案例研究，剖析情境三维度如何分别影响三种不同类型的主导逻辑；其次，归纳三个单案例研究的结论，通过案例对比，对转型经济下的装备制造企业外部情境影响企业主导逻辑的机理进行归纳。

5.1 研究框架构建

由理论回顾部分可知，情境、主导逻辑、战略之间的关系是主导逻辑理论研究的重点，然而对于这种关系究竟"是什么"尚未有一致的定论。与此同时，基于"情境差异→管理认知→战略行为"这一基本假设，对于以转型经济、新常态为主要情境特征的中国装备制造企业，其战略行为模式的差异是否源于主导逻辑是本书关心的主要问题，也是前两个子研究所重点解决的问题。与此同时，情境是如何与主导逻辑互动从而造成差异存在的，这个问题的回答可以帮助我们更好地理解这种差异性存在的原因，对于丰富主导逻辑理论的研究也将具有显著的意义。具体而言，本章主要从以下几个方面去分析。

首先，根据第3章和第4章的研究结论，将所得出的情境影响因素和主导逻辑类型进行对应关系分析，将每一个影响因素维度与各不同类型主导逻辑相对应，进行过程机理的分析，从而得出不同情境条件对主导逻辑类型影响的作用机理。

其次，在上述具体关系分析的基础上，整合情境影响因素与主导逻辑三大维度的整体关系，将情境影响因素的各个维度与主导逻辑的不同概念构成维度相对应，进行关系分析，并最终得出情境影响因素与主导逻辑关系的理论结论。

最后，在上述关系机理分析的基础上，整合三个案例，对三种类型的主导逻辑的三大构成维度进行特征归纳，并与现有战略管理理论的文献进行理论对比，揭示转型经济背景下中国装备制造企业主导逻辑的本质特征，即转型经济背景下中国装备制造企业战略行为背后的根本逻辑和本质规律。

本章主要采用的研究方法是案例分析方法，首先对三种类型的主导逻辑形成机理进行探索性单案例分析，探究不同情境因素在各类主导逻辑形成过程中的个性作用。在此基础上，进行多案例对比分析，归纳总结中国装备制造企业的主导逻辑和形成机理的共性特征和内涵（图 5.1）。本章采用的案例样本还是大连机车、外高桥造船和三一重工，对案例样本选取和数据搜集过程不予赘述。

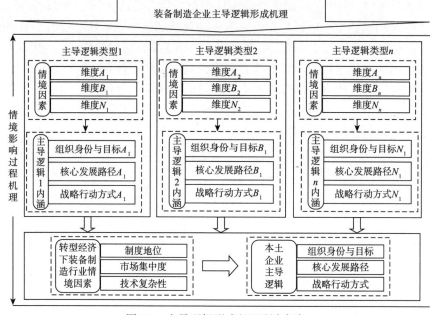

图 5.1　主导逻辑形成机理研究框架

5.2　技术归因主导逻辑的形成机理

5.2.1　制度地位与技术归因逻辑

通过对案例的进一步分析，我们发现，技术归因主导逻辑的形成与其所处的高制度地位的情境特征具有密不可分的关系。大连机车案例中，高制度地位对于中国机车企业的影响主要表现为三个方面，即订单保障、市场保护和高政治关联背景下的行业限制。以机车行业企业的代表大连机车为例，其高制度地位是与其组织身份密切相关的，尽管作为当时北车集团众多企业之一（与其竞争的还有南车集团的若干企业），但由于机车行业的特殊性和集团内部的有序分工，大连机车只需要与集团建立正常的上下级关系，就可以方便地进入行业市场，获得订单，而其他行业外的企业，由于不具备准入条件，无法进入这一市场。因此，高制度地位保证了企业可以规避其他外部企业市场进入的冲击。制度地位在本案例中，决定了企业获取资源和占领市场的难易程度，比起三一重工，大连机车中央企业的身份，具有更高的制度地位，因此，其不仅具备了准入市场的资格，而且北车集团会直接下任务给订单，企业不需要额外花费时间精力和资金开拓对于一般企业而言十分关键的市场，也由于高制度地位，大连机车在产品的生产和研发过程中，更容易获得各种资源。

高制度地位对于技术归因逻辑的影响主要表现在两个方面。首先，高制度地位影响企业对于自身身份及使命、目标的认知，这决定了企业主导逻辑的首要内涵是"基于外部驱动"。如前所述，技术归因逻辑的首要内涵是企业对于自身身份及使命、目标的认知，即"基于外部驱动"。高制度地位下的订单保障和政治关联使大连机车等机车企业将原铁道部（中国铁路总公司）作为自己的核心用户，市场关注力紧紧地聚焦在核心用户身上，接受核心用户的需求引导、行业政策和监管，从而确立了"接轨世界、牵引未来"的企业使命，将引领中国机车向世界先进水平发展作为自己的核心目标，并从内心认可"机车摇篮"、中国机车研制基地、机车主导厂商的身份认知。正是这样的身份认知，才使得大连机车能够始终将自己擅长的机车业务作为核心，限制多元化扩张的范围，始终将精力聚焦在专长领域。其次，高制度地位对企业"任务导向"的认知也具有重要影响，高制度地位下的订单保障是企业能够坚持任务导向，将精力聚焦于关键任务和任务实现的前提条件。

5.2.2　市场集中度与技术归因逻辑

技术归因主导逻辑的形成与其所处的高市场集中度的情境特征具有密不可分的关系。案例中，高市场集中度在机车行业主要表现为有限竞争和行业内部竞争。

如前所述，机车行业集团内部实行有序分工，而其他行业外的企业不具备准入条件，无法进入这一市场。一方面，高制度地位对行业规避的保证和行业内部的分工制，使得大连机车面对的是一个高市场集中度的市场，其竞争对手来自行业内部，因此属于半垄断性竞争行业。另一方面，行业内部各企业之间则采取竞争制来决定订单的归属和任务的分配。通常,核心用户原铁道部会根据对于机车的需求确定订单规模和机车产品的技术参数,然后对体制内机车企业进行招标,只有在规定时间内试制出达到技术参数和价格标的的机车企业才能够获得订单或者获得较多的订单。同时,在机车行业长期的发展历程中,该行业中的企业也形成了从荣誉导向到市场导向的竞争传统和机制,如大连机车、戚墅堰机车厂、株洲机车厂、四方机车厂在历史上都曾"各领风骚若干年",争先研发主导车型,争夺行业领头羊位置,行业发展呈群雄逐鹿之态。

有限竞争但竞争来自行业内部的情况,使得大连机车所需要完成的任务只能是集中精力,将产品做好,以在行业内部竞争中处于有利地位,由于复杂产品的技术研发与产品生产呈现"一体化"的特点,大连机车要想完成订单任务,就必须将产品的技术研发置于企业各项工作首位,这也就是大连机车的主导逻辑必然是"技术归因"的主要原因。高市场集中度决定了竞争的有限性,而这种有限竞争的强度,又可以通过集团内部合理有效的分配方式得到进一步的降低。但这并不是说企业没有竞争,事实上,这种有限的竞争更多的是指竞争对手数量有限,而企业也必须通过加强自身建设,特别是将主要精力放在提升核心技术和产品品质水平上,才有可能在竞争中取得成功。事实上,大连机车成立一百多年来,由于重视产品和技术的研发与储备,在同行业其他企业竞争中,一直处于优势地位。

基于此,高市场集中度的外部情境对技术归因主导逻辑的影响表现为,有限竞争和行业内部竞争的特殊形式、机制影响和规制企业,使企业将精力放在订单导向下的项目执行、关键任务突破和任务实现能力的培育上,换言之,也就是将精力聚焦于技术发展方向上。

5.2.3 技术复杂性与技术归因逻辑

技术归因主导逻辑的形成与大连机车所处的高技术复杂性的情境有密不可分的关系。大连机车案例中,高技术复杂性在机车行业主要表现为:技术后发性、外部不可获得性、产品技术复杂性、一定的技术积累。

中国装备制造企业所面临的技术情境因素主要包括技术后发性、可获得性、技术复杂性、技术积累(基础、传统)等特征维度。首先,我国装备制造企业普遍存在技术基础薄弱的问题,整体处于后发追赶状态,与此同时,以往通过外部引进后进行消化吸收的发展模式越来越乏力,特别是核心技术缺失的问题已然成为中国装备制造企业发展的瓶颈和桎梏[215]。自主创新已然成为中国本土企业发展的主流话题和核心竞争力打造的关键。其次,铁路机车是典型的复杂产品系统,具有技术复杂性的特点,加上复杂产品的技术研发与产品生产的"一体化"的特点[109],决定了大连机车要想完成订单任务,就必须将产品的技术研发置于企业各项工作的首位。从这个意义上来看，复杂产品的技术特点，决定了大连机车的核心竞争力。最后，尽管拥有较高的制度地位，行业市场结构具有高集中度的特点，但正是由于技术后发性及复杂产品系统技术复杂性的特点，企业只有下真功夫自主掌握核心技术，才能在同行业内企业的市场和技术竞争中脱颖而出，才能使企业在认知上聚焦和专注于技术研发与技术储备，将技术归因作为企业竞争的方式和主导逻辑。

　　综上所述，大连机车的技术归因的主导逻辑是在高制度地位和高市场集中度情境下产生的必然结果。首先，高制度地位通过订单保障、市场保护和政治关联影响企业对自身身份和企业目标的认知，使企业将核心用户原铁道部界定为核心客户，并决定其市场认知，将行业领域限定于自己擅长的轨道交通领域，确定了其企业使命与目标为发展世界顶尖水平的轨道交通工具。其次，高市场集中度通过有限竞争和行业内部竞争双重形式的机制，使企业聚焦于订单导向下的项目执行、关键任务突破和任务实现能力培育，从而形成任务导向的核心发展路径和管理认知模式。最后，技术复杂性和技术基础薄弱等技术情境特征决定了企业在战略、竞争行动上采取技术聚焦、技术归因的方式，从认知层面上聚焦技术归因，行动方向上聚焦技术研发，竞争方式上专注技术储备。高制度地位、高市场集中度、复杂产品系统的技术特点在大连机车主导逻辑中的关系如图5.2所示。

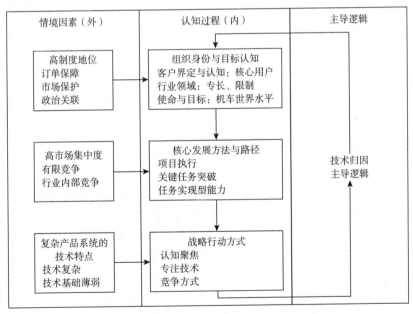

图 5.2　大连机车主导逻辑形成机理图

5.3　标杆追赶主导逻辑的形成机理

5.3.1　制度地位与标杆追赶逻辑

通过回归案例情境进行更深层的分析，我们发现外高桥造船的标杆追赶主导逻辑的形成与高制度地位的情境因素具有密不可分的关系。高制度地位在造船企业主要表现为三个方面，即资源获取支持、融资便利性和政治关联背景下的战略约束。以中国船舶制造企业的代表外高桥造船为例，与大连机车相似，其高制度地位是与其组织身份密切相关的。20 世纪 80 年代以来，随着改革开放和世界船运市场的发展，造船行业成为一国国民经济和工业发展的重要支柱，也是衡量一个国家综合实力的重要标志[210]。在此背景下，国务院为推动中国造船行业的发展，批准成立一家瞄准世界先进制造水平的代表性造船企业，这就是外高桥造船。在国家逻辑的期望和重点大型企业的光环下发展起来的外高桥造船，享有许多政策、资源和资金的支持与便利[210]。对于造船行业来说，作为一个资金密集型行业，这是十分重要的影响因素。正是这样的背景，使得外高桥造船成立伊始，就以成为世界一流船厂为企业使命和目标，并瞄准日韩企业，定位于全球船舶市场的中、低端领域同日韩造船企业进行市场争夺。依靠较为雄厚的资本实力，外高桥造船定位于一流的造船基础设备、技术发展理念和生产管理模式，并依仗大股东、母公司江南造船等的技术实力，定位先进、理念前沿，形成了较为清晰的企业身份和目标认知。与此同时，由于外高桥造船的国企身份承载着国家战略期望，这一使命决定了其必须将发展领域聚焦于造船相关行业，打造核心专长，扩大产业影响力。

5.3.2　市场集中度与标杆追赶逻辑

尽管拥有较高的制度地位，外高桥造船所处的市场结构却是具有低市场集中度的开放性的全球市场。一方面，这是造船行业的特点决定的，由于大型船舶的船东（用户）通常遍布全球各地，其价值关注要素中地域性差别微乎其微，船舶制造企业具有不受地区、区域影响的特点，全球造船企业在国际市场上根据相同的规则进行市场竞争。另一方面，国家在产业发展方面的政策逻辑和期望是通过全球化的竞争，推动本土造船企业的全球化能力、市场开拓能力和技术创新能力。因此，与大连机车不同，外高桥造船尽管具有很高的制度地位，但是却不具有来自国家的订单保障和市场保护政策，这就决定了外高桥造船必须定位于国际市场，服务全球性客户，因而它必须遵循行业普遍性价值规律。没有市场保护和订单保障，外高桥造船必须通过研究和关注目标客户的价值关注点，提供令用户/船东满意的产品和服务，这样才能获得订单。概括而言，外高桥造船所面临的低市场集中度包含三个方面，首先，是开放性市场下的无差别竞争。如前所述，尽管外高桥造船拥有较高的制度地位，但是其市场环境却是开放性的，面对全球无差别化的用户，外高桥造船只能遵循行业共同的竞争规则、价值创造规律[210]。其次，是全球化市场下的高竞争压力。全球化背景下的船舶制造行业竞争呈现白热化趋势，特别是随着第三世界国家造船业的崛起，欧美国家的船舶制造企业已逐渐退出中低端船舶产品领域，转向油轮、液化气运输船舶等高端产品领域。竞争规则和价值规律是无差别的，但船舶制造厂商提供的船舶产品须具备差异化价值才能够具有竞争优势[51]，因此，全球化背景下的市场结构意味着高竞争压力。最后，是国际化市场下的普遍价值规律。参与全球化竞争的船舶企业，要尊重全球市场需求、行业发展和价值创造的客观规律，以客户价值需求关注为例，主要是对于船舶造价、造船周期、建造质量、可靠性等的关注，满足这些条件的造船企业才能够占据市场优势。

　　低市场集中度意味着开放性市场下的无差别竞争、全球化市场下的高竞争压力、国际化市场中的普遍价值规律，这促使船舶企业倾向于采取"能力聚焦"型的核心发展路径，即将核心能力作为企业发展的根本，关注竞争者的能力，致力于通过能力追赶获取竞争优势。首先，在开放性市场结构下面对全球无差别竞争，订单的获得没有体制内的保障，全球各地用户通过比较船舶产品在价值提供方面的优劣来确定订单归属，因而船舶企业的竞争靠的是实打实的核心竞争能力，培育核心竞争能力是企业发展的根本途径。其次，船舶企业身处全球化背景下的激烈市场竞争之中，竞争的本质归根结底是同对手能力的比拼，知己知彼方能百战不殆，对竞争对手实力和战略动向的信息搜索和清晰认知是参与竞争的基本前提[216]。中国本土造船企业普遍缺乏技术积累，在技术能力上处于后发状态，学习和追赶是必要的能力发展方式[217]；能力的追赶要求遵循基本的价值规律和行业逻辑，与机车行业通过聚焦任务和技术储备来实现竞争优势不同，造船企业对"能力"具有更为宽泛的定义和内涵，能力的追赶是一个全方位、体系化的竞争能力打造过程，如外高桥造船案例中描述的那样，企业的能力追赶包含了设计和建造技术、生产管理/造船模式（组织和系统运营）、配套产业、企业规模、融资能力等诸多方面，概括而言，就是对目标竞争对手，进行全面追赶和超越。与此同时，能力追赶过程中也需要企业实时掌握竞争对手信息，也要求关注竞争对手的竞争能力。

5.3.3　技术复杂性与标杆追赶逻辑

如前所述，中国装备制造企业所面临的技术情境因素主要包括技术后发性、可获得性、技术复杂性、技术积累（基础、传统）等特征维度。与机车行业相似，中国船舶制造企业同样存在技术基础薄弱的问题，整体处于后发追赶状态，特别是对于一些核心技术，欧美和日韩企业对中国企业实行封锁政策[2, 210]。因此，技术追赶和自主创新是船舶制造企业核心竞争力打造的关键。大型船舶是典型的复杂产品系统，在研发过程方面，其技术研发与产品生产具有"一体化"的特点[109]；在技术复杂性方面，船舶是一系列技术子系统和产品模块的复杂集成系统，因此技术的追赶是一个全方位、系统化的战略过程，包含众多目标和元素。因此，以技术基础薄弱和技术复杂为特征的技术情境，是外高桥造船标杆追赶逻辑形成的重要决定因素。

中国船舶产品（复杂产品系统）在技术维度上的这两个特点，决定了中国船舶制造企业在总体竞争行为上必须采取追赶战略。而技术复杂性所意味的全方位、系统化、多目标追赶，促使外高桥造船采取了标杆追赶思维，即先界定可能、现实的追赶对象（韩国企业），然后对基于能力追赶的目标进行具体的目标分解，针对分解后的具体目标进行对目标的追赶。

综上所述，外高桥造船的标杆追赶的主导逻辑是在高制度地位、低市场集中度和技术复杂性情境下产生的必然结果。首先，高制度地位情况通过资源获取便利、资本支持和政治关联影响企业对自身身份和企业目标的认知，使企业将国际市场作为自己的主战场，将全球船东/用户界定为核心客户，并决定其市场认知，确定了其企业使命与目标是打造世界一流船厂、壮大民族船舶工业。其次，低市场集中度通过开放性市场下的无差别竞争、全球化市场中的高竞争压力、国际化市场内含的普遍价值规律三大机制，促使船舶企业倾向于采取"能力聚焦"型的核心发展路径，即将核心能力作为企业发展的根本，关注竞争者的能力，致力于通过能力追赶获取竞争优势。最后，技术情境的技术后发性和技术复杂性这两个特点，决定了中国船舶制造企业在总体竞争行为上必须采取追赶战略思维，即先界定可能、现实的追赶对象，然后基于能力追赶的目标进行具体性的目标分解，针对分解后的具体目标进行对目标的追赶。高制度地位、低市场集中度、技术复杂性特点在外高桥造船主导逻辑中的关系如图 5.3 所示。

业，其往往具有一定的资本实力或政策性资源支持，总体战略上采取跟随模仿策略，技术上采取引进消化吸收策略；第三种就是三一重工这类民营企业，通常不具有雄厚的资本和技术实力，但是具有很丰富的市场经验和很强的商业模式，战略灵活性和动态学习能力较强。最后，低市场集中度的、开放性的市场结构具有层面较为丰富的细分市场，客户和市场特点较为多元和复杂，这种情况对于中国本土市场来说尤为明显。以三一重工所处的工程机械领域为例，随着中国改革开放和经济快速发展，经济建设的大规模需求带动了工程机械领域的迅猛发展，在需求规模上升的同时，客户/用户价值需求也逐渐呈现动态变化，西方市场下发展起来的国外品牌和信奉拿来主义的国内技术引进企业，无法满足需求不断变化和提升的本土产品用户；同时本土经济转型背景和独特的地理特征、差异化的产品使用环境也使得本土市场和用户具有不同于西方环境中的特征[193]。

如上所述，三一重工所处机械工程领域的低市场集中度，意味着开放性的市场，极其复杂且程度激烈的竞争格局及具有本土独特的市场价值需求，这促使三一重工发展出一条"基于比较优势"的核心发展路径，即以开放性的技术等能力学习为主要手段，聚焦竞争博弈，利用本土市场价值独特性，通过开发比较优势形成相对竞争优势。首先，开放性的市场结构为三一重工采用开放式学习模式实现技术追赶提供了可能和基础。一般而言，世界各大工程机械企业都采用封闭式的技术发展模式，即拥有自己独立的技术模块、体系和产品标准，自己生产大部分或核心零部件。而处于技术后发状态的中国工程机械企业往往不具备这样的技术能力和产品路线，对于低制度地位的三一重工尤其如此。因此，三一重工只能另辟蹊径，采取开放式的技术学习和产品技术发展模式，在通用性技术原理的基础上，根据所要实现的产品功能进行自主设计，并对组成产品的部件采取采购通用件的方式，既破解了产品技术难题又大大降低了产品成本。从此，这种开放式的产品技术发展模式成为三一重工的制胜法宝，并被不断复制到新的产品领域，成为一种战略思维。其次，复杂的竞争格局使行业竞争激烈异常，企业必须投入大量精力关注竞争对手的动态化竞争行为并做出有效应对；游走在异常复杂和多元的竞争格局中的本土企业，特别是与国外竞争对手相比并不具有技术能力优势的三一重工等民营企业，不可能通过提供具有绝对优势的产品价值来实现企业的生存和发展，唯有在夹缝中通过差别化的市场定位、客户搜寻和独特的产品或服务价值提供与对手进行竞争博弈来争取和优化自己的生态位[214]。因此，从这个意义上说，高复杂性和多元化的竞争格局迫使中国本土民营企业形成了一种差异化竞争博弈的思维。最后，高复杂性的竞争格局迫使三一重工必须采取差异化竞争博弈的思路，而本土市场的独特性、复杂性和多元化又为三一重工进行差异化的竞争博弈创造了得天独厚的条件，那就是充分开发和利用本土的比较优势。一方面，本土市场客户的独特价值需求是国外企业很难洞察和把握的（一开始国外企业也"不屑于"这样做），而夹缝中的中国本土民营企业（低制度地位）则充分利用这一点，全面深入地培养和发挥了自身在这方面的能力（包括市场能力和商业模式等），并充分利用地域优势将其打造成自己的比较优势。三一重工将自己的产品和市场定位于替代进口，并充分利用国外企业无法满足国内用户对于售后服务及时性的要求这一点，将"服务"打造成自己的核心竞争优势。另一方面，是基于本土"资源优势"进行的比较优势开发，在三一重工的案例中，这种比较优势开发主要体现为企业对于中国大量且廉价的工程技术人员资源优势的开发，这使人力成本大大降低从而使这一资源优势成为自己的比较优势。

5.4.3　技术情境与差序差异逻辑

如前所述，中国装备制造企业所面临的技术情境因素主要包括技术后发性、可获得性、复杂性、技术积累（基础、传统）等特征维度。与前两个案例类似，中国工程机械制造企业同样存在技术基础薄弱、核心技术缺失的问题，整体处于后发追赶状态，特别是对于一些核心技术，欧美和日韩企业对中国企业实行封锁政策。然而，与前两个案例所代表的高制度地位、高市场集中度领域不同，技术复杂性和后发性对三一重工所在的工程机械领域来说，意义稍有不同。首先，高制度地位的大连机车、外高桥造船可以通过资源优势，通过与国外企业进行技术合作或直接技术引进、消化、吸收来逐渐弥补技术短板，或开发原有技术储备来满足既定市场需求（如政府客户），或者像外高桥造船那样直接通过资本实力来实现技术上的相对优势。在工程机械领域，拥有政府支持的国有企业便是通过引进国外成套技术的方式进行跟随模仿，而三一重工这样的低制度地位的民营企业，并不具备这样的条件。其次，工程机械产品并不像大连机车、外高桥造船这类企业的复杂产品系统那样，属于研发一体化、高利润率的技术复杂性产品，通常产品技术相对简单、存在采用通用性技术的可能，能够在一定程度上实现规模制造（有一些领域如大型起重机也属于复杂产品系统，且同样为三一重工的产品系列，但属于影响并不大的产品比例且并不影响我们探讨的差序差异逻辑），单件产品利润也不如船舶等那样可观。对于这样的产品来说，不掌握核心技术，关键零部件上大量依赖进口、受制于人，对于企业的产品利润和竞争优势影响巨大；同复杂产品系统比，技术上相对简单的产品，可以通过对技术的持续投入在一定时限内实现技术的最终全面破解甚至是赶超，中国企业所需要的成功要件，只是时间和努力。

上述技术后发性、可赶超性和技术通用可能性等技术情境特征对差序差异主导逻辑的影响表现在三个方面。首先，技术后发性和资源、资金、能力的有限性决定了企业不可能像大连机车那样将技术研发作为企业战略行动和资源配置的核心，也不可能像外高桥造船那样对目标国外先进企业进行全面赶超，企业只能选取某一点进行重点突破，并在取得成功后逐次递进或向其他点攻关、突破，这就使企业业务经营的战略战术呈现序列化的特点。其次，技术后发性要求企业必须在产品和技术发展模式上采取差异化定位、战略思维和行动，这样企业才可能取得一定的竞争优势；同时，工程机械产品技术相对简单，存在赶超的可能性，也使得三一重工这样的企业拥有差异化的可能，三一重工可以通过利用通用性技术原理和标准件进行规模化生产的方式，绕开国外企业设置的技术专利壁垒。需要强调的是，三一重工能够采取差异化战略，低市场集中度也是重要的前提和基础，三一重工依靠服务差异化制胜就是利用了本土市场需求价值的独特性。最后，技术通用性决定了三一重工可以采用差序差异的方式进行竞争博弈。总体上来看，三一重工的战略战术特点是同时包含了序列化和差异化的田忌赛马式的战略思维，即差序式的差异化战略：先选取一个易于突破的行业和产品，通过差异化战略进行市场突破和竞争博弈，在取得竞争优势后，再向下一个产品或行业进行相同模式的复制，而差异化战略也是包含了不同的差异化特点、方式，且每一个差异化战略都具有序列化的特点，即重要性序列不同。

综上所述，三一重工的"差序差异"的主导逻辑是在低制度地位、低市场集中度和技术后发情境下产生的必然结果。首先，低制度地位决定了三一重工在资源获取方面的劣势、较高的经营风险，同时低政治关联度也意味着三一重工在市场化方面的高自由性，低制度地位通过这些特点影响了三一重工对自身身份和企业目标的认知，使企业将本土市场作为自己的主战场，致力于研究本土用户的特点，使企业形成了对于行业选择、市场定位的独特认知，并将企业愿景确立为"创建一流企业，造就一流人才，做出一流贡献"（做大做强）。其次，低市场集中度通过开放性市场下的无差别竞争、复杂的竞争格局、本土市场独特性三大特征，引导三一重工发展出一条"基于比较优势"的核心发展路径，即采取开放式学习，聚焦竞争博弈，利用、开发本土独特的比较优势来获取竞争优势。最后，技术情境的技术后发性、技术相对简单性和技术通用性这三个特点，影响三一重工在总体竞争行为上发展出一套田忌赛马式的战略战术思维，即以差异化战略为主线，通过序列化的方式，逐个突破、循序复制。低制度地位、低市场集中度、技术复杂性特点在三一重工主导逻辑中的关系如图 5.4 所示。

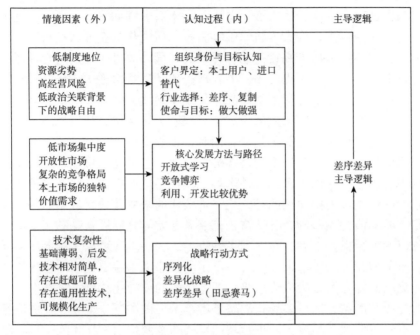

图 5.4　三一重工主导逻辑形成机理图

5.5　延伸讨论：中国装备制造企业的主导逻辑及其形成机理

5.5.1　中国装备制造企业主导逻辑的作用机理

我们通过三个案例分别对不同制度地位、市场集中度和技术复杂性情境特征下的企业主导逻辑的作用机理进行了剖析和探讨，通过对三种情境下的主导逻辑作用机理进行进一步归纳和分析后，发现可以得出更为本质的结论。

1）制度地位与主导逻辑

不同的制度地位会对装备制造企业的主导逻辑产生不同的影响作用。如本章第 4 节案例所述，当企业具有高制度地位时，一种情况是装备制造企业将拥有发展所必需的市场资源（订单）和一定的技术、资金支持，而更重要的是，高制度地位意味着较高的行业进入壁垒和市场保护机制，这决定企业产生任务导向的认知，进而使企业能够一心一意聚焦于关键任务的实现（技术攻关、技术破解）和技术的储备性研发，从而形成技术归因的主导逻辑。而制度地位的作用（体现为资源支持和市场保护）是通过影响装备制造企业管理者对于组织身份和目标的认知，即产生外部驱动的作用来实现其对技术归因主导逻辑影响作用[24]。另一种情况是，当企业具有高制度地位时，高制度地位主要意味着装备制造企业将拥有发展所必需的技术、资金及政策等资源的支持，而不能够拥有市场方面的保护，必须在开放性的全球化市场中同众多的竞争对手进行激烈的角逐。高制度地位意味着企业享受高制度地位带来的资源优势，但也必须认同由此带来的组织身份并在企业使命和目标的制定上遵从国家制度逻辑和国家战略期望，也就是在开放性的全球化市场上，通过培育、形成自己的核心能力，壮大和发展中国船舶制造产业，形成样本示范作用。与此同时，在开放性的全球化市场上同国外竞争能力强大的对手进行角逐，满足全球无差别用户的价值需求，这也要求企业具备较强的核心能力。因此，企业管理者会拥有能力聚焦的共享管理认知，进而形成"标杆追赶"的主导逻辑。可见，制度地位的作用（体现为资本资源和技术资源）是通过影响装备制造企业管理者对于组织自身身份和目标的认知，来实现其对标杆追赶主导逻辑影响作用的。当企业具有低的制度地位时，意味着装备制造企业缺乏发展所必需的技术、资金及政策等资源的支持，或者在资源能力上不具有竞争优势，更不可能拥有市场保护机制，因而企业对自身组织身份的认知具有不同于高制度地位企业的特点，其认知通常具有利润导向性，主要遵循市场逻辑兼顾市场需求与自身能力的现状、特点寻求差别化的定位，如三一重工以本土市场独特需求特点为基点，定位于进口替代市场，在行业选择上考虑自身的能力特点循序渐进地选择具有比较优势的行业并逐渐扩大经营发展范围。在企业使命与目标界定上同组织身份认知一体化，通常以做大做强作为自己的核心目标。在这样的组织身份与企业目标认知主导下，低制度地位的装备制造企业的必然要以且只能以比较优势作为核心发展路径，通过开放式的学习，不断开发比较优势，通过创新的商业模式和灵活的战略行动，同竞争对手展开博弈行动，从而逐渐形成"差序差异"的主导逻辑。

　　基于上述分析可以发现，转型经济下中国装备制造企业的制度地位主要通过资源和市场管制/保护两个方面对装备制造企业的主导逻辑产生作用和影响。而这种影响的作用机制主要通过影响主导逻辑的身份与目标认知来对主导逻辑产生作用。

　　2）市场集中度与主导逻辑

　　不同的市场集中度会对装备制造企业的主导逻辑产生不同的影响。如本章第4节案例所述，当企业具有高市场集中度时，市场竞争主要来自行业内部。而鉴于转型经济的特殊背景，为了保障行业或产业的发展，政府通常通过高制度地位保证企业能够规避其他外部企业进入市场的冲击。加之复杂产品系统的行业、产品特点，大型集团内部通常采取有序分工的方式，企业只需要与集团建立正常的上下级关系，就可以方便地进入行业市场，获得订单。基于此，高市场集中度下的装备制造行业，竞争通常来自行业和"体制"内部。在这种情况下，装备制造企业所需要完成的任务，只能是集中精力，将产品做好，在有限的竞争中处于有利地位；同时复杂产品的技术研发与产品生产的"一体化"的特点，决定了装备制造企业要想完成订单任务，就必须将产品的技术研发置于企业各项工作的首位。由此，高市场集中度对装备制造企业管理认知的影响在于使其形成了任务导向的核心发展方式，进而最终形成"技术归因"的主导逻辑。当企业具有低市场集中度时，将有两种情况。一种情况是当装备制造企业具有高制度地位时，低市场集中度意味着企业在开放性市场上参与竞争，竞争程度激烈；由于没有来自政府的订单保障，提供有价值、有竞争力的产品或服务是企业生存和发展的必然要求，因此企业必须打造自己的核心竞争力。同时，企业的高制度地位往往意味着企业在资源获取、政策支持方面会有转型经济下低制度地位企业不具有的优势，因而企业有条件实现能力的迅速追赶。基于这些因素，转型经济下的高制度地位装备制造企业会打造核心能力，特别是技术能力，以此作为企业发展的核心方式和竞争力形成的基本途径，即作为管理认知的关注焦点，形成"标杆追赶"的主导逻辑。另一种情况是当装备制造企业不具有高制度地位时，低市场集中度意味着企业在开放性市场上参与激烈竞争的同时，又缺乏应有的实力和资源禀赋条件，因而不可能像高制度地位企业那样可以瞄准国外大企业专注于核心能力的追赶。因此，低市场集中度情境因素决定了转型经济下的低制度地位装备制造企业只能将比较优势作为企业在激烈的市场竞争夹缝中生存和发展的核心法则，基于开放式学习，聚焦竞争博弈，通过比较优势来获得相对竞争优势是其在转型经济下企业成长的核心方式和基本途径，进而最终形成"差序差异"的主导逻辑。

　　基于上述分析可以发现，转型经济下中国装备制造企业的市场集中度主要通过决定企业发展的核心方式和基本路径对装备制造企业的主导逻辑进行作用和影响。而这种影响的作用机制主要通过直接影响企业能力关注焦点和能力发展方式来对主导逻辑产生作用。

　　3）技术复杂性（技术情境因素）与主导逻辑

　　作为转型经济背景下中国装备制造行业特殊情境因素的典型代表，技术情境是影响中国装备制造企业主导逻辑的一个重要因素，在技术情境因素的众多内涵中，技术后发性、技术复杂性等是最为重要的情境影响因素，但是技术后发性是所有中国装备制造企业的共同特征，而技术复杂性则是主要的差异性因素。由于历史原因，同西方企业相比，绝大多数中国装备制造企业在技术上都处于后发追赶的状态，技术基础和技术积累薄弱，特别是在基础研究和核心技术、核心关键部件方面，中国企业往往依赖进口，受制于人，企业核心竞争力因此受到极大的掣肘。应该说，技术后发对中国企业，尤其是技术密集型的装备制造企业的发展及其主导逻辑的影响是深远的，而技术复杂性的差异使得这种影响更趋复杂。

首先，对于技术复杂性一般的大规模制造产品而言，技术在产品价值的构成要素中的重要性可能没有复杂产品系统那么大，企业核心竞争的构成也更为多元和复杂，后发中国装备制造企业就有了通过其他优势弥补技术短板的可能和创新空间，三一重工发掘和利用本土用户的独特价值，通过商业模式方面的创新来打造企业核心竞争优势的案例就是证明。与此同时，大规模制造产品的技术复杂性相对较低，对于后发中国装备制造企业来说，追赶只是时间问题，只要有足够的资金和人才投入，赶上并超过西方企业并不是不可企及的事情，也正因为如此，三一重工才能够走出一条"先选择某一关键点进行重点突破，创造相对竞争优势或绝对的市场优势，然后选择新的领域进行模式复制，循序渐进地做大做强"的战略发展道路。与此战略发展模式相对应的企业与竞争对手博弈的基本战术和方式是通过序列化地选择差别化行业、差别化产品、差别化技术路线、差异化的服务和价格、品质等，循序渐进地构建自己的竞争优势。因此，对于在技术上处于后发追赶状态的中国装备制造企业来说，较低的技术复杂性情境使企业更可能采取差序差异的竞争方式，从而形成"差序差异"的主导逻辑。

其次，对于技术复杂性较高的复杂产品系统而言，技术在产品价值的构成要素中占据了很高的比例，技术实力、自主创新能力是企业核心竞争力不可回避的难题，也是中国装备制造企业的发展重点。因此，中国复杂产品系统企业不能像三一重工那样绕开技术壁垒，通过商业创新的方式来回避核心技术缺失的问题，而只能尊重行业规律，将精力聚焦于技术能力的培育。与此相对应的战略战术则表现为对技术能力的重视或聚焦。而这种聚焦又因市场集中度和制度地位表现形式的不同而略有差异，当高制度地位和高市场集中度能够为企业提供市场保护和订单保障时，企业只有在技术上超越竞争对手才能够在市场上占据优势，因而其竞争行动表现为对技术研发、技术破解的专注和聚焦；当高制度地位和低市场集中度只能为企业提供必要的资源，从而迫使企业必须面对无差别的竞争和尊重开放性市场中行业发展的客观规律时，企业必须在能力上进行全面赶超，因而其战略战术表现为标杆树立和对标杆的追赶。

基于上述分析可以发现，转型经济下中国装备制造企业的技术复杂性主要通过决定企业参与市场竞争的战略战术和竞争方式对装备制造企业的主导逻辑进行作用和影响。而这种影响的作用机制是通过与制度地位、市场集中度的关联性作用综合影响企业战略行动的行为方式和特点进而对主导逻辑产生作用。

4）中国装备制造企业主导逻辑的作用机理

综上所述，转型经济下中国装备制造企业的主导逻辑是制度地位、市场集中度和技术复杂性三大情境因素综合影响和作用的结果，不同类型的主导逻辑是由装备制造企业所处制度地位、市场集中度和技术复杂性的不同情境特征造成的。

中国装备制造企业主导逻辑类型与制度地位、市场集中度和技术复杂性三大情境因素的关系如图 5.5 所示。

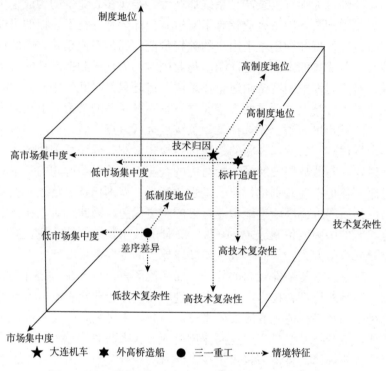

图 5.5　中国装备制造企业主导逻辑类型与影响因素关系

5.5.2　中国装备制造企业主导逻辑的本质

实际上，通过归纳三种转型经济情境下装备制造企业主导逻辑的类型、内涵和特征，并对其形成和作用的机理进行深入的剖析和探讨，我们对转型经济背景下中国装备制造企业的主导逻辑可以有一个更为本质、深刻的理解。

1）装备制造企业的身份与目标认知

根据组织身份理论，任何组织都有对"我是谁"，以及"我将成为什么样的组织"的疑问，并在回答这些疑问的过程中不断成长。本书通过对三家本土代表性装备制造企业的探索性单案例研究，发现转型经济情境下中国装备制造企业在企业自我身份认知方面有一个共同特征，那就是这些企业首先将自身定位为一个竞争者，其次才是产品或服务价值的提供者。这主要体现在三个方面。

第一，是对目标客户的界定与认知。如前所述，"技术归因"逻辑将自身目标客户界定为核心用户，即原铁道部或后来的中国铁路总公司；"标杆追赶"逻辑将自身目标客户界定为全球无差别用户，定位于全球开放性市场；"差序差异"逻辑将自身目标客户界定为本土用户，定位于进口替代市场。其共同特点（即战略逻辑）在于，关注细分市场，提供区别于竞争对手的个性化服务，重视客户价值需求差异，以维系和拓展客户基础。

　　第二，由于对市场、用户和产业边界的自我设限，其对于产业条件的假设也是以不变为共同特征，其主要体现在对于行业领域的设限。首先，对于具有高制度地位、高市场集中度的企业而言，国家意志、行政命令和保障性订单促使企业按照核心用户（政策制定者）的指引将自身的精力聚焦于"核心业务"范畴，即行业领域客观受限。其次，对于高制度地位、低市场集中度的企业而言，虽然没有直接性的行政干预，企业在客户界定、市场定位和行业选择上有自己的自由度，但是企业发展不可或缺的资源支持和政策扶持要求企业遵从国家意志或向其靠拢；而依靠资源能力积累和标杆追赶来获取竞争优势的发展路径也决定了企业必须遵从"集中力量办大事"的客观规律或者说传统路径，从而将力量和精力聚焦于限定性的行业领域。最后，对于低制度地位、低市场集中度的企业来说，激烈的竞争环境、劣势的资源和能力条件不允许其在市场定位和客户界定上"任性"（高自由度），其并不具备打"移动靶"的条件，只能老老实实地针对缝隙市场的"固定靶"客户，逐渐累积和培育自己的核心能力和形成相对竞争优势。

　　第三，在企业使命愿景方面，转型经济中的高制度地位企业更容易受到国家意志的影响，将做大做强作为自己的发展目标，特别是对于自主创新能力、世界先进技术水平的强调，都体现了企业在战略关注重点方面"构建竞争优势，打败竞争对手"导向的共同特征。而对于低制度地位企业，受企业家自身价值取向和逐利本性的驱使，以及低市场集中度（激烈的竞争程度）和劣势资源能力条件限制的影响，"做大做强"，即"构建竞争优势，打败竞争对手"导向也是中国本土企业的共同特征。

　　因此，基于客户界定、行业领域和使命愿景三个方面，从战略逻辑的"产业假设"、"战略关注重点"和"客户"三个方面的意义来说，转型经济下中国装备制造企业的身份与目标认知本质上是典型的传统竞争战略逻辑（表 5.1）。

表 5.1　三种装备制造企业类型的战略逻辑比较

战略维度	技术归因主导逻辑	标杆追赶主导逻辑	差序差异主导逻辑	共同特征
产业假设	核心业务范畴	核心发展领域	行业选择：差序、复制	产业条件固定
战略关注重点	自主创新能力；机车世界一流水平	世界一流船厂	做大做强	构建竞争优势，打败竞争对手
客户	核心用户	低端市场领域（集装箱船、散货船等）；向LNG、海洋工程装备等中高端市场领域进军	进口替代；本土用户	关注细分市场，提供区别于竞争对手的个性化服务，重视客户价值需求差异，以维系和拓展客户基础

续表

战略维度		技术归因主导逻辑	标杆追赶主导逻辑	差序差异主导逻辑	共同特征
资产与能力	目标	企业价值实现，获取优势市场地位	企业价值实现，获取优势市场地位	企业价值实现，获取优势市场地位	以现有资产与能力为战略制定的考量基础；但由于资源能力的局限性，难以实现传统战略理论所强调的"通过有价值的、稀缺的、不可模仿和不可替代的资源和技术能力，构建最具核心价值的独有资源和能力的组合，以建立竞争优势"；而只能是一种基于资源能力的传统竞争战略逻辑，融合竞争战略逻辑和资源能力逻辑
	视角	由内至外；核心能力界定具有"外生性"特征	由内至外；核心能力界定具有"外生性"特征	由外至内；但竞争优势基于资源能力	
	强调	资源与能力；核心能力	资源与能力；核心能力	外部环境、竞争者；动态能力、复合性能力	
产品和服务的提供		产品性能与质量制胜；国产化率；低成本是利润的来源	通过学习和内部能力提升，创造高于一般对手的利润	传统产品范畴内的差别化的价值提供；通过时间和空间优势将利润最大化	企业能够提供的产品和服务范围有限，价值的获取在于最大化已有产品和服务的利润

资料来源：Kim W C, Mauborgne R. Value innovation: the strategic logic of high growth[J]. Harvard Business Review, 1997, 75（1）: 102-112

2）装备制造企业的发展路径

作为企业发展"如何去"的战略路径问题，我们研究发现，三家企业在整体战略框架上，即战略发展的基本逻辑路径和关键要素方面分别具有不同的内涵和特征。如前所述，高制度地位、高市场集中度、高技术复杂性装备制造企业的战略发展路径是"外部任务驱动→关键任务→任务保障"，其"技术归因"主导逻辑路径是"基于外部驱动→任务聚焦→技术导向"；高制度地位、低市场集中度、高技术复杂性装备制造企业的战略路径是"价值构成要素→竞争者能力→战略追赶"，其主导逻辑的内涵在于"基于行业价值规律→聚焦核心能力→标杆追赶"；低制度地位、低市场集中度、一般技术复杂性装备制造企业的战略路径是"本土市场独特性→自身资源禀赋与核心能力→竞争者"，其主导逻辑的内涵在于"基于竞争博弈→聚焦资源禀赋的比较优势构建→差序式的战略差异化行为"。然而，如果进行深度分析，我们能够发现三种战略路径和逻辑类型实际上存在共同的逻辑内涵和共享特征，那就是它们都是一种基于资源能力的战略逻辑。我们认为这主要体现在以下三个方面。

第一，从战略目标来说，不论是哪种类型的战略发展路径，其目标都是以企业价值实现，获取优势市场地位为主要目的，这一点我们在前面企业组织身份与目标认知部分已进行阐述。

第二，从战略发展路径的视角来看，"差序差异"逻辑下的战略模式强调由外至内的发展路径，根据行业竞争状况、市场需求特征等外部情境因素来确定企业战略行动的目标、路径和方式等（包括行业选择、产品、技术、定价、营销等），其根本原因是由企业在资源、能力上的弱势状况决定的，尽管其基本战略假设和逻辑路径是通过形成相对的资源与能力优势来获取优势竞争地位（其资源、能力的界定方式与竞争对手有所不同）。表面上看，"技术归因"逻辑和"标杆追赶"逻辑下的战略模式强调由内至外的发展路径，即通过企业内部自身核心能力的打造和追赶来实现优势竞争地位，但是其战略发展路径的驱动却主要来自外部，"技术归因"逻辑是核心用户的订单保障，"标杆追赶"逻辑是客观价值规律，其核心能力的界定具有"外生性"的特征。因此，从本质上说，两种不同视角的战略发展类型都是基于传统的竞争战略逻辑，这可能是不同于西方企业和战略管理理论之处。

第三，从战略框架和战略路径的关注重点来看，如前所述，三种战略类型和逻辑类型都强调资源和能力的重要性。"技术归因"逻辑内涵中的任务导向和技术聚焦，强调对技术的核心关注导向，是对能力强调的极致化（技术能力、技术储备资源）；"标杆追赶"逻辑内涵中的聚焦核心能力和标杆追赶是典型的资源能力逻辑，在此不予赘述；"差序差异"逻辑虽然强调对外部情境和竞争博弈的关注，但其竞争博弈的核心仍然是基于本土的资源禀赋和比较优势，"差序差异"逻辑同样强调对资源能力的培育，特别是强调积累（其固定靶理论，强调的就是能力的日积月累)，同时其对于能力的界定较前两种逻辑可能更为宽泛和灵活，如果说"技术归因"逻辑和"标杆追赶"逻辑是强调核心能力，那么"差序差异"逻辑可能更像"动态能力"或"复合式能力"[97]。

因此，基于战略发展路径共同遵循的逻辑和共享特征，从战略目标、战略视角、战略关注重点三个层面来说，转型经济下中国装备制造企业的战略发展路径本质上是一种基于资源能力的传统竞争战略逻辑，即以现有资产与能力为战略制定的考量基础；但由于资源能力的局限性，难以实现传统战略理论所强调的"通过有价值的、稀缺的、不可模仿和不可替代的资源与技术能力，构建最具核心价值的独有资源和能力的组合，以建立竞争优势"，而只能是一种基于资源能力的传统竞争战略逻辑，融合竞争战略逻辑和资源能力逻辑。

3）装备制造企业的战略行动/驱动路径

作为企业发展"怎么做"的战略行动和战略驱动问题，我们研究发现，三家企业在战略行动模式上，即在战略行为的基本逻辑和行动规则方面分别具有不同的内涵和特征。如前所述，高制度地位、高市场集中度、高技术复杂性装备制造企业的战略行动原则是"技术聚焦"，企业的战略行为和资源配置聚焦于技术，企业战略行动较为聚焦、能力较为单一；高制度地位、低市场集中度、高技术复杂性装备制造企业的战略行动原则是"标杆追赶"，即循着"标杆界定→目标分解→对目标追赶"的路径进行战略布局和能力追赶，其核心法则和思想本质是典型的标杆管理思维；低制度地位、低市场集中度、一般技术复杂性装备制造企业的战略行动原则是"差序差异",即在竞争方案实施的过程中,具体的战术特点带有明显的差序式特点,也就是田忌赛马式的差异化战略,即先选取一个易于突破的行业和产品,通过差异化进行市场突破和竞争博弈,在取得竞争优势后,再向下一个产品或行业进行相同模式的复制,而差异化战略也是包含了不同的差异化点、方式,且每一个差异化也具有序列化的特点,重要性序列不同。

尽管上述三种战略行动方式各有不同的内涵和表现形式,但其核心本质在于竞争。如前所述,三种战略行动模式除了在产业假设、战略关注重点、客户、资产与能力、战略目标、战略视角、战略关注重点等方面体现出竞争战略的逻辑本质外,在产品和服务的提供方面也具有竞争战略的逻辑特征。对于"技术归因"型企业来说,其在产品技术参数、技术性能方面的苛求,是为了通过最大限度地满足顾客需求,获得更多的订单。而鉴于市场结构的高度集中性和技术发展特征,企业很难通过引导市场需求来创造价值和利润,企业获得利润的方式被紧紧地局限在不断通过国产化率的提高来降低产品成本以获取更多的利润。如此一来,企业的战略行动方式就很容易倾向于竞争导向。对于"标杆追赶"型企业来说,标杆树立和追赶的意义在于通过向最高层次的竞争对手学习来获得内部能力,而这种能力的外在表现就是产品的技术性能和成本水平等,也就是产品的竞争力。对于"差序差异"型企业来说,战略行动的核心在于绕开不具有竞争优势的产品领域,通过差序和差异化的方式选择行业和产品领域,来创造相对竞争优势和超额利润;其在服务领域的差异化创新,本质仍然是通过创造差别化价值,来创造相对竞争优势和超额利润。

5.6 本章小结

本章首先对三个代表性企业分别进行探索性案例研究,分析制度地位、市场集中度和技术复杂性三个因素在每个企业特定的主导逻辑形成过程中发挥的作用机理。研究发现,三种情境因素在不同类型的企业有不同的体现,对企业提出了差异化的要求,也导致企业主导逻辑在不同维度(组织身份与目标认知、核心发展方法与路径、战略行动方式)呈现出独特的特征,最终形成了三种类型的主导逻辑。进一步地,本章对三种类型主导逻辑的形成机理从一般化的角度进行归纳,分析每种情境因素在中国装备制造企业主导逻辑形成过程中发挥的作用机理,得出更普适化的结论。研究发现,每种情境因素通过特定的路径对主导逻辑的形成产生影响,如制度地位主要通过资源和市场管制/保护两个方面对装备制造企业的主导逻辑进行作用和影响,而这种影响的作用机制主要通过直接影响组织身份与目标认知,并间接影响核心发展方法与路径来对主导逻辑产生作用。但总体来看,主导逻辑是制度地位、市场集中度和技术复杂性三大情境因素综合影响和作用的结果,在各种情境的综合影响作用下,转型经济背景下的中国装备制造企业形成不同表现特征的主导逻辑,而这些类型的主导逻辑本质上都属于"竞争逻辑"的范畴。

第6章 结论与展望

我们关注了转型经济背景下中国装备制造企业主导逻辑的概念内涵与特征、情境影响因素，以及它们之间的作用机理。具体而言，首先，通过质性研究方法对影响中国装备制造企业主导逻辑的情境因素进行探索性归纳。其次，以探索性单案例研究为基本研究方法，利用认知地图技术和扎根理论、图表技术等，以大连机车、外高桥造船和三一重工三个企业为案例研究对象，对其所代表的中国装备制造企业的不同主导逻辑类型分别进行概念维度及内涵、特征的归纳与分析。再次，将案例研究得出的主导逻辑内涵、特征与之前得出的情境影响因素结合起来，回归案例情境，揭示主导逻辑的生成和作用机理。最后，对转型经济下的中国装备制造企业战略行为背后的本质（逻辑共性）进行了讨论，并得出相应的管理结论。作为结尾，本章总结几个子研究的研究结论、理论贡献和管理意义，并指出其研究局限及未来可能的研究方向。

6.1 研究结论

首先，主导逻辑作为一种基础性的管理认知模式，其形成和演变是管理者认知心智与外部环境互动的产物，因此探讨主导逻辑，尤其是基于转型经济这一特殊情境，必然要考察主导逻辑赖以存在和作用的外部情境影响因素。基于这样的考虑，同时鉴于此领域研究的空白状况，第4章通过探索性单案例研究，以中国机车行业代表性企业——大连机车为研究对象，利用扎根理论对影响中国装备制造企业主导逻辑的情境影响因素进行归纳和分析。最终提炼出认知视角下影响中国装备制造企业主导逻辑的情境因素的三个结构维度，即制度地位特征维度、市场结构特征维度和技术特征维度。其中，制度地位特征维度对装备制造企业主导逻辑的影响主要体现为：①政企关系；②政府干预力度；③所有权性质。市场结构特征维度对装备制造企业主导逻辑的影响主要体现为：①竞争结构；②产品特征、属性；③用户特征。技术特征维度对装备制造企业主导逻辑的影响主要体现为：①技术后发性；②技术复杂性。

其次，根据前述影响管理者认知的不同情境特征维度将装备制造企业划分为八种可能的类型，并以最典型的三种类型作为研究对象，选取能够代表三种类型企业的三家典型企业——大连机车、外高桥造船和三一重工作为样本，通过探索性单案例研究，对三家企业的主导逻辑进行构念维度的归纳和分析。首先，通过认知地图技术将三家企业的高层管理团队的共享认知地图完整呈现；其次，利用扎根理论将管理者认知地图中的关键要素——认知关注焦点进行归纳；最后，结合案例和认知地图所呈现的认知特点，对认知关注焦点之间的逻辑关系进行特征归纳和分析，进而得出各个企业主导逻辑的主要内涵和特征。经过严密的案例流程和理论分析，最终我们发现，上述三种情境下的中国装备制造企业具有不同类型的主导逻辑，分别是"技术归因"逻辑、"标杆追赶"逻辑及"差序差异"逻辑。具体而言：①以大连机车为代表的一类装备制造企业，其共享管理认知模式以组织身份/外部任务驱动、关键任务、任务保障为认知关注焦点，其主导逻辑的内涵在于基于外部驱动、任务聚焦和技术导向；鉴于此，我们将这种以技术发展为核心，视技术为生命的组织认知模式概括为"技术归因"型主导逻辑。②以外高桥造船为代表的一类装备制造企业，其共享管理认知模式以价值构成要素、竞争者能力、战略追赶为认知关注焦点，其主导逻辑的内涵在于基于行业价值规律、聚焦核心能力及标杆追赶；鉴于此，我们将这种通过不断地学习、模仿，最终实现对竞争对手能力追赶、超越的"标杆→能力追赶"的思维模式称为"标杆追赶"逻辑。③以三一重工为代表的一类装备制造企业，其共享管理认知模式以本土市场独特性、自身资源禀赋与能力、竞争者为认知关注焦点，其主导逻辑的内涵在于基于竞争博弈、聚焦资源禀赋的比较优势构建、差序式的战略差异化行为；鉴于此，我们将这种以竞争博弈为指导思想，以差序式的差异化为手段，以创造比较优势为导向的战略思维称为"差序差异"逻辑。

最后，基于"中国装备制造企业主导逻辑为什么是这样"的问题，即转型经济的情境影响因素是如何与中国装备制造企业的主导逻辑相互作用的，我们通过对三个代表性企业进行探索性单案例研究，针对每个案例企业，分析其主导逻辑形成的特定情境特征及这些特征如何影响其核心管理团队管理认知，进而对其主导逻辑的作用机理进行归纳。研究发现，转型经济背景下中国装备制造企业的主导逻辑是制度地位、市场集中度和技术复杂性三大情境因素综合影响和作用的结果，不同类型的主导逻辑是由于装备制造企业所处制度地位、市场集中度和技术复杂性的不同情境特征所造成的。具体而言：①高制度地位、高市场集中度、高技术复杂性的情境特征下，中国装备制造企业倾向于持有"技术归因"型的主导逻辑;②高制度地位、低市场集中度、高技术复杂性的情境特征下,中国装备制造企业倾向于持有"标杆追赶"的主导逻辑;③低制度地位、低市场集中度、高技术复杂性的情境特征下,中国装备制造企业倾向于持有"差序差异"的主导逻辑。与此同时,我们进一步发现:①转型经济下中国装备制造企业的制度地位主要通过资源和市场管制/保护两个方面对装备制造企业的主导逻辑进行作用和影响,而这种影响的作用机制主要通过直接影响主导逻辑的身份与目标认知,并间接性地影响核心发展方式和路径来对主导逻辑产生作用;②转型经济下中国装备制造企业的市场集中度主要通过决定企业发展的核心发展方式和基本路径对装备制造企业的主导逻辑进行作用和影响,而这种影响的作用机制主要通过直接影响企业能力关注焦点和能力发展方式来对主导逻辑产生作用;③转型经济下中国装备制造企业的技术复杂性主要通过决定企业参与市场竞争的战略战术和竞争方式对装备制造企业的主导逻辑进行作用和影响,而这种影响的作用机制是通过与制度地位、市场集中度的关联性作用综合影响企业战略行动的行为方式和特点来对主导逻辑产生作用的。

6.2　理 论 贡 献

本书从认知视角研究转型经济背景下中国装备制造企业的发展战略规律,在明确转型经济下中国装备制造企业管理者主要关注的情境因素的基础上,刻画出中国装备制造企业三种典型的主导逻辑,并对情境因素与主导逻辑之间的作用机理进行了分析和揭示。在以下方面对现有理论进行了拓展和完善。

1. 挖掘中国装备制造企业独特的情境因素,为开展相关情境化研究夯实基础

由于"舶来理论"在解释中国企业管理现象时的乏力,情境化研究越来越受到学者的重视[158, 159]。而从情境视角对中国企业管理实践加以深入剖析和解读,必须建立在深刻理解中国企业所处内外部情境的基础上。我们选择一类独特并且在国民经济中占据重要地位的企业类型,通过典型企业大连机车的探索性单案例研究,借助扎根理论等工具提炼出制度地位、市场结构和技术特征三个情境维度,明确了转型经济背景下影响中国装备制造企业管理者认知的主要情境因素,这为学者以后开展同类型企业管理者认知的相关研究夯实了基础,可以基于此从更多角度开展情境化研究。

2. 对主导逻辑进行解构，将管理者认知具象化

主导逻辑概念的提出为学者从管理者认知视角研究企业战略管理现象提供了一个很好的切入点，但同时主导逻辑又是企业决策与行为表象下的"源"与"内在逻辑"[10, 16]，具有抽象性。现有关于主导逻辑的研究缺少合适的分析框架，因此研究结论呈现"碎片化"的特点，很难保证不同主导逻辑之间的内在结构一致性。我们通过对"我是谁、向哪儿去？"、"如何去？"及"怎么做？"三个基本战略问题的思考，构建了"组织身份与目标认知→核心发展方法与路径→战略行动方式"的分析框架，对主导逻辑进行深层解构。在此基础上，综合运用认知地图、扎根理论等工具将抽象化的主导逻辑在上述三个维度上的表现形象地刻画出来，并归纳出中国装备制造企业三种可以对比的主导逻辑类型，分别是"技术归因"、"标杆追赶"及"差序差异"主导逻辑。这不仅丰富了对主导逻辑内涵的理论理解，还给出了开展主导逻辑相关研究可复制的研究范式。

3. 打开情境因素与主导逻辑之间的黑箱，丰富主导逻辑形成理论

现有研究多关注主导逻辑对企业行为和绩效的影响，但很少关注主导逻辑是如何形成的。基于"情境差异→管理认知→战略行为"这一基本假设，我们认为是情境因素之间的差异和互动导致了不同主导逻辑的形成。为此，我们通过三个探索性单案例分析，对情境因素的差异和互动如何影响主导逻辑的形成进行探究，并发现了几种不同的作用路径。例如，市场集中度主要作用于装备制造企业发展的核心方式和基本路径，其作用机制在于通过直接影响企业能力关注焦点和能力发展方式形成特定的主导逻辑类型；技术复杂性则主要影响企业参与市场竞争的战略战术和竞争方式，其作用机制是通过与制度地位、市场集中度的关联性作用综合影响企业战略行动的行为方式，进而对主导逻辑的形成产生影响。本书通过对情境因素和主导逻辑之间作用路径的探讨，打开了主导逻辑形成过程的黑箱，丰富了相关理论。

6.3　管 理 意 义

第一，本书所归纳的三种主导逻辑反映了转型经济下中国装备制造企业的战略指导原则，它也代表了中国装备制造行业先进典型企业战略模式的规律、规则，因此能够为中国装备制造企业的管理实践提供指导，即作为后发追赶企业构建竞争优势的战略行动参考。"技术归因"为具有良好资源支持和市场保障的高制度地位企业提供了一个后发追赶、技术赶超的有效行动原则，这也启示我们，政府的政策干预和支持如何与企业的认知、行为相配合，才能够达到预期的理想效果，即实现技术上的"弯道超车"；"标杆追赶"为有着良好资源和能力条件的企业提供了一个能力全面发展的战略方向和行为模式，这同时启迪我们，开放性市场和政策性资源支持一张一弛、合理搭配、紧密配合，才是培育企业创新基因、激发企业内生创新动力的"王道"；"差序差异"为我们展示了夹缝中成长的民营企业自强不息、以弱胜强的生存智慧和后发企业"避实就虚"的必然发展规律；一方面，我们应该看到他们的商业智慧是后发企业在全球化经济趋势中以弱抗强的有力武器，另一方面我们也应看到，当企业缺乏基础性积累和有效的资源支持时，其必然的发展走向和创新基因状况。

第二，企业在经营发展中存在固有的认知模式和思维逻辑，并以其强大的惯性影响企业按照特定的方式和规律行为。这就要求政府在推出相关政策或试图进行经济、产业结构调整时，应充分了解企业认知模式或思维逻辑，并理解"情境-主导逻辑-战略行为"之间的内在机理，从而有的放矢，提高政策的有效性。因此，我们对装备制造企业三种主导逻辑的探索性归纳和分析，能够为国家制定有关发展和创新的政策提供有价值的参考，为创新政策制定主体把握企业创新行为规律提供有益的启示。中国装备制造企业行业存在三种主要的主导逻辑，而这三种主导逻辑是与转型经济特殊的情境背景密不可分的。研究表明，制度地位、市场结构和技术复杂性是影响装备制造企业主导逻辑的三大核心要素，三大要素的不同属性特征组合营造出具体的情境，进而使企业表现出不同的主导逻辑和战略行为。因而，创新政策的制定可以考虑通过调节三个因素的内容、程度或重要性组合等，来实现和提高政策引导、激励的作用效果。

第三，通过对中国装备制造企业在当前转型经济发展阶段战略主导逻辑属性的归纳和分析，当前中国装备制造企业的战略逻辑本质上是传统的竞争逻辑。不论企业的制度类型、市场结构与技术复杂性有怎样的细微区别，企业战略行动的本质仍然是竞争。相对于当前西方先进企业所强调的价值创造逻辑和发展理念，本土企业所持的这种传统逻辑可能会在某种程度上制约企业的长久发展，这也将影响本土消费者的价值需求满足乃至本土经济的发展，因而研究这种传统逻辑背后的原因进而找出改进的对策显得格外重要，这也将是我们后续努力的方向。

6.4　局限与展望

基于认知视角研究转型经济背景下中国装备制造企业的战略规律，在明确转型经济情境对中国装备制造企业管理者认知影响因素的基础上，明确提出了转型经济情境下中国装备制造企业具有三种类型的主导逻辑，并对情境因素与主导逻辑内涵的作用机理过程进行了分析和揭示，对主导逻辑理论的内容发展和理论情境化，以及中国装备制造企业管理实践均具有重要意义，但也存在一些不足之处。

首先，考虑主导逻辑的特殊性和数据的翔实性要求，通过探索性单案例研究和扎根理论对装备制造企业主导逻辑的影响因素进行归纳，但采用单案例不免具有一定的局限性，影响因素是否具有普适性有待于大样本研究的证实。而如果影响因素存在其他维度的可能性，则我们对于主导逻辑类型的划分可能也存在一定的误差，因此也就有存在其他类型主导逻辑的可能。

其次，在对不同类型主导逻辑的概念维度进行归纳时，本书同样采用了单案例研究方法，这对于管理认知和主导逻辑研究的特性来说是必要的[10]，对于展现主导逻辑的丰富内涵、纵深性和动态性有积极意义，但如前所述，其局限性也是难免的。因此，在后续研究中选取大量异质性案例企业作为研究样本，增加案例样本的多样性，从而进一步提高研究结论的可信度和普适性是十分必要的。

尽管本书对转型经济背景下中国装备制造企业主导逻辑的问题进行了较为深入的研究，能够在一定程度上揭示中国本土企业战略行为差异性的本质规律和根源。但转型经济下中国本土企业战略管理和主导逻辑的相关研究是一项复杂的系统性研究。受篇幅所限，我们只能对较为关键和紧迫的理论问题进行初步探索和尝试。结合我们的研究思路和研究内容，以下两个方面的问题还有待进一步深化和完善。

一方面，主导逻辑的情境影响因素是否更丰富？研究装备制造企业主导逻辑影响因素过程中，我们对制度、市场和行业结构维度中的关键因素进行了归纳，而在这三个维度下是否具有其他更为重要的因素？除了此三大维度之外，是否具有更关键的维度，如社会文化层面维度？因此，有必要进一步对装备制造企业主导逻辑的情境因素细化，对情境的影响关系进行深入研究。

另一方面，"情境→认知→行为/战略"作为一个逻辑链条，本书只对前两者及其关系进行了探索性的研究，而对于主导逻辑与转型经济背景下装备制造企业战略行为的关系和作用的过程机理并没有展开相应的研究，而这个问题对于回答本土企业的战略差异性和应用主导逻辑理论无疑是十分重要和必要的。因此，有必要进一步探析主导逻辑对企业战略行为的影响作用，并考虑纳入情境因素构建基于"情境→主导逻辑→战略"的完整模型。

参 考 文 献

[1] 肖元真, 陆绮云, 李炯. 产业升级是转变经济发展方式的理性选择和本质要求[J]. 市场周刊. 理论研究, 2008, （10）: 3-6.

[2] 杨艳凤, 马秋野. 我国装备制造业的现状、主要问题与发展对策[J]. 中国经贸, 2016, （4）: 39.

[3] Davies A. The life cycle of a complex product system[J]. International Journal of Innovation Management, 1997, 1（3）: 229-256.

[4] 刘静. 复杂产品系统集成商创新控制力研究[D]. 大连理工大学硕士学位论文, 2013.

[5] 洪勇, 苏敬勤. 发展中国家核心产业链与核心技术链的协同发展研究[J]. 中国工业经济, 2007, （6）: 95-102.

[6] Hoskisson R E, Eden L, Lau C M, et al. Strategy in emerging economies[J]. Academy of Management Journal, 2000, 43（3）: 249-267.

[7] High D. The fortune at the bottom of the pyramid[J]. Supply Management, 2005, 28（4）: 200-203.

[8] 蓝海林, 皮圣雷. 经济全球化与市场分割性双重条件下中国企业战略选择研究[J]. 管理学报, 2011, （8）: 1107-1114.

[9] 黄旭, 李一鸣, 张梦. 不确定环境下企业战略变革主导逻辑新范式[J]. 中国工业经济, 2004, （11）: 60-67.

[10] Prahalad C K, Bettis R A. The dominant logic: a new linkage between diversity and performance[J]. Strategic Management Journal, 1986, 7（6）: 485-501.

[11] Bettis R A, Prahalad C K. The dominant logic: retrospective and extension[J]. Strategic Management Journal, 1995, 16（1）: 5-14.

[12] Gavetti G, Levinthal D. Looking forward and looking backward: cognitive and experiential search[J]. Administrative Science Quarterly, 2000, 45（1）: 113-137.

[13] Krogh G V, Erat P, Macus M. Exploring the link between dominant logic and company performance[J]. Creativity and Innovation Management, 2000, 9（2）: 82-93.

[14] Grant R M. On "dominant logic", relatedness and the link between diversity and performance[J]. Strategic Management Journal, 1988, 9（6）: 639-642.

[15] Tripsas M, Gavetti G. Capabilities, cognition, and inertia: evidence from digital imaging[J]. Strategic Management Journal, 2000, 21（10~11）: 1147-1161.

[16] Prahalad C K. The blinders of dominant logic[J]. Long Range Planning, 2004, 37（2）: 171-179.

[17] Brännback M, Wiklund P. A new dominant logic and its implications for knowledge management: a study of the Finnish food industry[J]. Knowledge and Process Management, 2001, 8（4）: 197-206.

[18] Eggers J P, Kaplan S. Cognition and renewal: comparing CEO and organizational effects on incumbent adaptation to technical change[J]. Organization Science, 2009, 20（2）: 461-477.

[19] Hodgkinson G P, Clarke I. Conceptual note: exploring the cognitive significance of organizational strategizing: a dual-process framework and research agenda[J]. Human Relations, 2007, 60（1）: 243-255.

[20] Barney J. Firm resources and sustained competitive advantage[J]. Journal of Management, 2016,（17）: 3-10.

[21] Schoemaker P J H, Amit R. Strategic assets and organizational rent[J]. Strategic Management Journal, 1993, 14（1）: 33-46.

[22] Chen C C. New trends in rewards allocation preferences: a Sino-U.S. comparison[J]. Academy of Management Journal, 1995, 38（2）: 408-428.

[23] 蓝海林, 宋铁波, 曾萍. 情境理论化: 基于中国企业战略管理实践的探讨[J]. 管理学报, 2012, 9（1）: 12-16.

[24] 蓝海林. 中国企业战略行为的解释: 一个整合情境-企业特征的概念框架[J]. 管理学报, 2014, 11（5）: 653-658.

[25] Moriano J A, Molero F, Topa G, et al. The influence of transformational leadership and organizational identification on intrapreneurship[J]. International Entrepreneurship and Management Journal, 2014, 10（1）: 103-119.

[26] Sabatier V, Craig-Kennard A, Mangematin V. When technological discontinuities and disruptive business models challenge dominant industry logics: insights from the drugs industry[J]. Technological Forecasting and Social Change, 2012, 79（5）: 949-962.

[27] Lok J. Institutional logics as identity projects[J]. Academy of Management Journal, 2010, 53（6）: 1305-1335.

[28] Bévort F, Suddaby R. Scripting professional identities: how individuals make sense of contradictory institutional logics[J]. Journal of Professions and Organization, 2016, 3（1）: 17-38.

[29] Boutinot A, Mangematin V. Surfing on institutions: when temporary actors in organizational fields respond to institutional pressures[J]. European Management Journal, 2013, 31（6）: 626-641.

[30] Eisenhardt K M. Building theories from case study research[J]. Academy of Management Review, 1989, 14（4）: 532-550.

[31] Yin R K. The Case Study Anthology[M]. Thousand Oaks: Sage Publications, 2004.

[32] Nadkarni S，Barr P S. Environmental context，managerial cognition，and strategic action：an integrated view[J]. Strategic Management Journal，2008，29（13）：1395-1427.

[33] Tsui A S. Contextualization in Chinese management research[J]. Management and Organization Review，2006，2（1）：1-13.

[34] Tsui A S. Contributing to global management knowledge：a case for high quality indigenous research[J]. Asia Pacific Journal of Management，2004，21（4）：491-513.

[35] Tolman E C. Cognitive maps in rats and men[J]. Psychological Review，1948，55（4）：189-208.

[36] Axelrod R. Structure of Decision：The Cognitive Maps of Political Elites[M]. Princeton：Princeton University Press，2015.

[37] Fiol C M，Huff A S. Maps for managers：where are we？Where do we go from here？[J]. Journal of Management Studies，1992，29（3）：267-285.

[38] 倪旭东，张钢. 作为思想挖掘工具的认知地图及其应用[J]. 科研管理，2008，29（4）：19-27.

[39] Ahmad R，Ali N A. The use of cognitive mapping technique in management research：theory and practice[J]. Management Research News，2003，26（7）：1-16.

[40] Chaney D. Analyzing mental representations：the contribution of cognitive maps[J]. Recherche et Applications en Marketing，2010，25（2）：93-115.

[41] Johnson M G J. Entrepreneurial intentions and outcomes：a comparative causal mapping study[J]. Journal of Management Studies，1997，34（6）：895-921.

[42] Eden C. On the nature of cognitive maps[J]. Journal of Management Studies，1992，29（3）：261-265.

[43] Pan S L，Tan B. Demystifying case research：a structured-pragmatic-situational（SPS）approach to conducting case studies[J]. Information and Organization，2011，21（3）：161-176.

[44] 苏敬勤，林菁菁. 国有企业的自主创新：除了政治身份还有哪些情境因素?[J]. 管理评论，2016，28（3）：230-240.

[45] 王红建，李青原，刘放. 政府补贴：救急还是救穷——来自亏损类公司样本的经验证据[J]. 南开管理评论，2015，18（5）：42-53.

[46] 贾明，张喆. 双重金字塔结构、国有资产监督管理效率与国企绩效[J]. 管理评论，2015，27（1）：76-90.

[47] 刘放，杨筝，杨曦. 制度环境、税收激励与企业创新投入[J]. 管理评论，2016，28（2）：61-73.

[48] Delmas M A，Toffel M W. Organizational responses to environmental demands：opening the black box[J]. Strategic Management Journal，2008，29（10）：1027-1055.

[49] Huff A S，Reger R K. A review of strategic process research[J]. Journal of Management，1987，13（2）：211-236.

[50] Cheng J L C. On the concept of universal knowledge in organizational science：implications for

cross-national research[J]. Management Science，1994，40（1）：162-168.

[51] Porter M E. Competitive Strategy：Techniques for Analyzing Industries and Competitors[M]. New York：Free Press，1980.

[52] 石军伟. 企业战略理论的逻辑比较[J]. 经济管理，2002，（8）：47-53.

[53] Porter M. Competitive Advantage：Creating and Sustaining Superior Performance[M]. New York：Free Press.

[54] Kim W C，Mauborgne R. Strategy，value innovation，and the knowledge economy[J]. Sloan Management Review，1999，40（3）：41-54.

[55] 谢伟，吴贵生，张晶. 彩电产业的发展及其启示[J]. 管理世界，1999，（3）：134-142.

[56] Wernerfelt B. A resource-based view of the firm[J]. Strategic Management Journal，1984，（5）：171-180.

[57] Rumelt R P. How much does industry matter？[J]. Strategic Management Journal，1991，12（3）：167-185.

[58] Prahalad C K，Hamel G. The core competence of the corporation[J]. Harvard Business Review，1990，68（3）：79-91.

[59] Schoemaker P J H，Amit R. Strategic assets and organizational rent[J]. Sloan Management Review，1992，34（1）：67-81.

[60] Teece D J，Pisano G，Shuen A. Dynamic capabilities and strategic management[J]. Strategic Management Journal，1997，18（7）：509-533.

[61] Kim W C，Mauborgne R. Value innovation：the strategic logic of high growth[J]. Harvard Business Review，1997，75（1）：102-112.

[62] 范文芳，牟仁艳. 企业价值创新战略内涵、重点及支撑体系研究[J]. 武汉理工大学学报·信息与管理工程版，2008，30（4）：665-668.

[63] 武亚车. 中国本上新兴企业的战略双重性：基于华为、联想和海尔实践的理论探索[J]. 管理世界，2009，（12）：120-136.

[64] 陈卓勇，吴晓波. 新兴市场中的中小企业的动态能力研究[J]. 科学学研究，2006，24（2）：261-267.

[65] Aulakh P S，Kotabe M，Teegen H. Export strategies and performance of firms from emerging economies：evidence from Brazil，Chile，and Mexico[J]. Academy of Management Journal，2000，43（3）：342-361.

[66] Prahalad C K，Mashelkar R A. Innovation's holy grail[J]. Harvard Business Review，2010，88（7~8）：132-141.

[67] Hitt M A，Dacin M T，Levitas E. Partner selection in emerging and developed market contexts：resource-based and organizational learning perspectives[J]. Academy of Management Journal，2000，43（3）：449-467.

[68] Marino L D，Lohrke F T，Hill J S，et al. Environmental shocks and SME alliance formation intentions in an emerging economy：evidence from the Asian financial crisis in Indonesia[J]. Entrepreneurship Theory and Practice，2008，32（1）：157-183.

[69] Peng M W，Heath P S. The growth of the firm in planned economies in transition：institutions，organizations, and strategic choice[J]. Academy of Management Review，1996，21（2）：492-528.

[70] Ralston D A，Terpstra-Tong J，Terpstra R H，et al. Today's state-owned enterprises of China：are they dying dinosaurs or dynamic dynamos？[J]. Strategic Management Journal，2006，27（9）：825-843.

[71] Child J，Tse D K. China's transition and its implications for international business[J]. Journal of International Business Studies，2001，32（1）：5-21.

[72] 靳涛，张建辉，褚敏. 从中国60年两次制度变迁再反思计划经济与市场经济的迥异[J]. 江苏社会科学，2011，（1）：81-89.

[73] Khanna T，Palepu K G. Why focused strategies may be wrong for emerging markets[J]. Harvard Business Review，1997，75（4）：41-48.

[74] Chung C C，Beamish P W. The impact of institutional reforms on characteristics and survival of foreign subsidiaries in emerging economies[J]. Journal of Management Studies，2005，42（1）：35-62.

[75] Ahlstrom D，Young M N，Nair A. Deceptive managerial practices in China：strategies for foreign firms[J]. Business Horizons，2002，45（6）：49-59.

[76] Devlin R A，Grafton R Q，Rowlands D. Rights and wrongs：a property rights perspective of Russia's market reforms[J]. Antitrust Bulletin，1998，43（1）：275.

[77] 董雪兵，朱慧，康继军，等. 转型期知识产权保护制度的增长效应研究[J]. 经济研究，2012，47（8）：4-17.

[78] Narayanan V K，Fahey L. The relevance of the institutional underpinnings of Porter's five forces framework to emerging economies：an epistemological analysis[J]. Journal of Management Studies，2005，42（1）：207-223.

[79] Peng M W. Institutional transitions and strategic choices[J]. Academy of Management Review，2003，28（2）：275-296.

[80] Luo Y，Han B. Graft and business in emerging economies：an ecological perspective[J]. Journal of World Business，2009，44（3）：225-237.

[81] Estrin S，Wright M. Corporate governance in the former soviet union：an overview[J]. Journal of Comparative Economics，1999，27（3）：398-421.

[82] Li D D. A theory of ambiguous property rights in transition economies：the case of the Chinese non-state sector[J]. William Davidson Institute Working Papers，1996，（23）：1-19.

[83] Park S H，Lao Y. Guanxi and organizational dynamics：organizational networking in Chinese

firms[J]. Strategic Management Journal, 2001, (22): 455-477.

[84] Frynas J G, Kamel M, Pigman G A. First mover advantages in international business and firm-specific political resources[J]. Strategic Management Journal, 2006, (27): 321-345.

[85] Makhija M V. The value of restructuring in emerging economies: the case of the Czech Republic[J]. Strategic Management Journal, 2004, 25 (3): 243-267.

[86] 蓝海林, 李铁瑛, 黄嫚丽. 中国经济改革的下一个目标: 做强企业与统一市场[J]. 经济学家, 2011, (1): 99-101.

[87] Hitt M A, Ahlstrom D, Dacin M T, et al. The institutional effects on strategic alliance partner selection in transition economies: China vs. Russia[J]. Organization Science, 2004, 15 (2): 173-185.

[88] Tan J, Tan D. Environment-strategy co-evolution and co-alignment: a staged model of Chinese SOEs under transition[J]. Strategic Management Journal, 2005, 26 (2): 141-157.

[89] Sinha J. Global champions from emerging markets[J]. Manager, 2005, (2): 27-35.

[90] Tan J, Li S, Li W. Building core competencies in a turbulent environment: an exploratory study of firm resources and capabilities in Chinese transitional economy[J]. Managing Global Transitions, 2006, 4 (3): 197-214.

[91] Meyer K E, Peng M W. Probing theoretically into central and Eastern Europe: transactions, resources, and institutions[J]. Journal of International Business Studies, 2005, 36(6): 600-621.

[92] Wright M, Filatotchev I, Hoskisson R E, et al. Strategy research in emerging economies: challenging the conventional wisdom[J]. Journal of Management Studies, 2005, 42 (1): 1-33.

[93] Peng M W. How entrepreneurs create wealth in transition economies[J]. Academy of Management Executive, 2001, 15 (1): 95-110.

[94] 韵江. 竞争战略新突破: 来自低成本与差异化的融合[J]. 中国工业经济, 2003, (2): 90-96.

[95] Li M F, Wong Y Y. Diversification and economic performance: an empirical assessment of Chinese firms[J]. Asia Pacific Journal of Management, 2003, 20 (2): 243-265.

[96] Davies H, Walters P. Emergent patterns of strategy, environment and performance in a transition economy[J]. Strategic Management Journal, 2004, 25 (4): 347-364.

[97] 陆亚东, 孙金云. 中国企业成长战略新视角: 复合基础观的概念、内涵与方法[J]. 管理世界, 2013, (10): 106-117.

[98] 江泽民. 全面建设小康社会, 开创中国特色社会主义事业新局面——在中国共产党第十六次全国代表大会上的报告[EB/OL]. http://cpc.people.com.cn/GB/64162/64168/64569/65444/4429125.html, 2002-11-08.

[99] 张国宝. 装备制造业的自主创新问题[J]. 求是, 2008, (8): 18-21.

[100] 赵红, 王玲. 高端装备制造业产业链升级的路径选择[J]. 沈阳工业大学学报 (社会科学版), 2013, 6 (2): 131-134.

[101] 徐雷. 试论促进我国装备制造业自主创新的最优对策选择[J]. 软科学, 2010, 24（9）: 33-38.

[102] 陆燕荪. 立足自主创新 开拓新时期标准化工作新局面[J]. 电器工业, 2007,（1）: 71, 75.

[103] Hansen K L, Rush H. Hotspots in complex product systems: emerging issues in innovation management[J]. Technovation, 1998, 18（8~9）: 555-561.

[104] Hobday M. Complex System vs Mass Production Industries: A New Innovation Research Agenda[M]. Brighton: CoPs Publications, 1996.

[105] Gann D M, Salter A J. Innovation in project-based, service-enhanced firms: the construction of complex products and systems[J]. Research Policy, 2000, 29（7~8）: 955-972.

[106] Prencipe A. Breadth and depth of technological capabilities in CoPS: the case of the aircraft engine control system[J]. Research Policy, 2000, 29（7）: 895-911.

[107] Davies A, Brady T. Organisational capabilities and learning in complex product systems: towards repeatable solutions[J]. Research Policy, 2000, 29（7~8）: 931-953.

[108] Gershenson J K, Prasad G J, Zhang Y. Product modularity: definitions and benefits[J]. Journal of Engineering Design, 2003, 14（3）: 295-313.

[109] Davies A, Hobday M. The Business of Projects: Managing Innovation in Complex Products and Systems[M]. Cambridge: Cambridge University Press, 2005.

[110] Mowery D C, Rosenberg N. Technical change in the commercial aircraft industry, 1925-1975[J]. Technological Forecasting and Social Change, 1981, 20（4）: 347-358.

[111] Bijker W E, Hughes T P, Pinch T J. The Social Construction of Technological Systems: New Directions in the Sociology and History of Technology[M]. Lodon: MIT Press, 1987.

[112] Shenhar A J, Dvir D. Toward a typological theory of project management[J]. Research Policy, 1996, 25（4）: 607-632.

[113] Hobday M, Rush H. Technology management in complex product systems（CoPS）—ten questions answered[J]. International Journal of Technology Management, 1999, 17（6）: 618-638.

[114] Davies A, Brady T. Policies for a complex product system[J]. Futures, 1998, 30（4）: 293-304.

[115] Shrnhur A J, Levy O, Dvir D. Mapping the dimensions of project success[J]. Project Management Journal, 1997, 28（2）: 5-13.

[116] Tatikonda M V, Rosenthal S R. Technology novelty, project complexity, and product development project execution success: a deeper look at task uncertainty in product innovation[J]. IEEE Transactions on Engineering Management, 2000, 47（1）: 74-87.

[117] Miller R, Hobday M. Innovation in complex systems industries: the case of flight simulation[J]. Industrial and Corporate Change, 1995, 4（2）: 363-400.

[118] Hobday M. Product complexity, innovation and industrial organisation[J]. Research Policy, 1998, 26（6）: 689-710.

[119] Vásquez A G. Leadership in administration：a sociological interpretation[J]. Innovar-Revista De Ciencias Administrativas Y Sociales，2011，21（40）：235-237.

[120] Richard R，Nelson S G W. An Evolutionary Theory of Economic Change[M]. Cambridge：Harvard University Press，1982.

[121] Cohen W M，Levinatl D A. Absorptive capacity：a new perspective on learning and innovation[J]. Administrative Science Quarterly，2000，35（1）：128-152.

[122] Kogut B，Zander U. Knowledge of the firm，combinative capabilities，and the replication of technology[J]. Organization Science，1992，3（3）：383-397.

[123] Teece D J，Pisano G，Shuen A. Dynamic capabilities and strategic management[J]. Strategic Management Journal，1997，18（7）：509-533.

[124] Walsh J P. Managerial and organizational cognition：notes from a trip down memory lane[J]. Organization Science，1995，6（3）：280-321.

[125] Schwenk C R. Cognitive simplification processes in strategic decision-making[J]. Strategic Management Journal，1984，5（2）：111-128.

[126] Eden C，Ackermann F，Cropper S. The analysis of cause maps[J]. Journal of Management Studies，2007，29（3）：309-324.

[127] Stubbart C I. Managerial cognition: a missing link in strategic management research[J]. Journal of Management Studies，2010，26（4）：325-347.

[128] Thomas H，Porac J F. Managing cognition and strategy：issues，trends and future direc-tions[A]//Pettigrew A，Thomas H，Whittington R. Handbook of Strategy and Management[C]. Thousand Oaks：Sage，2002.

[129] Child J. Organizational structure，environment and performance：the role of strategic choice[J]. Sociology，1972，6（1）：1-22.

[130] Moreland R L，Levine J M. Socialization in small groups：temporal changes in individual-group relations[J]. Advances in Experimental Social Psychology，1982，15（2）：137-192.

[131] Reger R K，Huff A S. Strategic groups：a cognitive perspective[J]. Strategic Management Journal，2010，14（2）：103-123.

[132] 尚航标，黄培伦. 管理认知与动态环境下企业竞争优势：万和集团案例研究[J]. 南开管理评论，2010，13（3）：70-79.

[133] Freeman L C. Centrality in social networks conceptual clarification[J]. Social Networks，1978，1（3）：215-239.

[134] Cañas J J，Antoi A，Fajardo I，et al. Cognitive inflexibility and the development and use of strategies for solving complex dynamic problems：effects of different types of training[J]. Theoretical Issues in Ergonomics Science，2005，6（1）：95-108.

[135] Finkelstein S，Hambrick D C，Cannella A A. Strategic Leadership：Theory and Research on

Executives, Top Management Teams, and Boards[M]. Oxford: Oxford University Press, 2009.

[136] Barr P S, Huff A S. Seeing isn't believing: understanding diversity in the timing of strategic response[J]. Journal of Management Studies, 1997, 34（3）: 337-370.

[137] Barr P S, Stimpert J L, Huff A S. Cognitive change, strategic action, and organizational renewal[J]. Strategic Management Journal, 1992, 13（S1）: 15-36.

[138] 邓少军, 芮明杰. 组织动态能力演化微观认知机制研究前沿探析与未来展望[J]. 外国经济与管理, 2010, 32（11）: 26-34.

[139] Hambrick D C, Mason P A. Upper echelons: the organization as a reflection of its top managers[J]. Academy of Management Review, 1984, 9（2）: 193-206.

[140] Schwenk C R. Strategic decision making[J]. Journal of Management, 1995, 21（3）: 471-493.

[141] Becker M C, Knudsen T. The role of routines in reducing pervasive uncertainty[J]. Journal of Business Research, 2005, 58（6）: 746-757.

[142] Elsbach K D, Barr P S. The effects of mood on individuals' use of structured decision protocols[J]. Organization Science, 2007, 10（2）: 181-198.

[143] Comfort L K. Crisis management in hindsight: cognition, communication, coordination, and control[J]. Public Administration Review, 2007, 67（S1）: 189-197.

[144] Kaplan S. Research in cognition and strategy: reflections on two decades of progress and a look to the future[J]. Journal of Management Studies, 2011, 48（3）: 665-695.

[145] 杨迤, 贾良定, 陈永霞. 认知学派: 战略管理理论发展前沿[J]. 南大商学评论, 2007,（4）: 178-194.

[146] Schwenk C. Management tenure and explanations for success and failure[J]. Omega-international Journal of Management Science, 1993, 21（4）: 449-456.

[147] 廖中举. 企业认知地图研究: 内涵、形成与效应[J]. 外国经济与管理, 2014, 36（10）: 32-39.

[148] 王鹤春, 苏敬勤, 曹慧玲. 惯性对后发国家引进型管理创新的作用分析[J]. 科学学与科学技术管理, 2014,（1）: 75-84.

[149] Obloj T, Obloj K, Pratt M G. Dominant logic and entrepreneurial firms' performance in a transition economy[J]. Entrepreneurship Theory and Practice, 2010, 34（1）: 151-170.

[150] Ratiu C, Molz R. Logics of local actors and global agents: divergent values, divergent world views[J]. Critical Perspectives on International Business, 2012, 8（3）: 225-240.

[151] Eltantawy R A, Giunipero L. An empirical examination of strategic sourcing dominant logic: strategic sourcing centricity[J]. Journal of Purchasing and Supply Management, 2013, 19（4）: 215-226.

[152] 项保华, 罗青军. 基于主导逻辑与规则的战略循环模式[J]. 西北工业大学学报（社会科学版）, 2002, 22（4）: 23-26.

[153] 韵江, 鞠蕾. 惯例变异与新战略发动——基于战略演化的视角[J]. 财经问题研究, 2009,

（2）：29-36.

[154] Whetten D A. An examination of the interface between context and theory applied to the study of Chinese organizations[J]. Management and Organization Review，2009，5（1）：29-56.

[155] 苏中兴. 中国情境下人力资源管理与企业绩效的中介机制研究——激励员工的角色外行为还是规范员工的角色内行为?[J]. 管理评论，2010，22（8）：76-83.

[156] Hubbard R，Vetter D E，Little E L. Replication in strategic management：scientific testing for validity，generalizability，and usefulness[J]. Strategic Management Journal，1998，19（3）：243-254.

[157] Cuervo A，Villalonga B. Explaining the variance in the performance effects of privatization[J]. Academy of Management Review，2000，25（3）：581-590.

[158] 苏敬勤,刘静. 中国企业并购潮动机研究——基于西方理论与中国企业的对比[J]. 南开管理评论，2013，16（2）：57-63.

[159] Tsui A S. From homogenization to pluralism：international management research in the academy and beyond[J]. Academy of Management Journal，2007，50（6）：1353-1364.

[160] 吕力. 什么是"中国管理学"研究的本体[J]. 管理观察，2009，（16）：16-17.

[161] Mowday R T，Sutton R I. Organizational behavior：linking individuals and groups to organizational contexts[J]. Annual Review of Psychology，1993，44（1）：195-229.

[162] 苏敬勤,张琳琳. 情境视角下的中国管理研究——路径与分析框架[J]. 科学学研究,2015，33（6）：824-832.

[163] Li P P，Bai Y，Xi Y. The contextual antecedents of organizational trust：a multidimensional cross-level analysis[J]. Management and Organization Review，2012，8（2）：371-396.

[164] 林海芬，苏敬勤. 中国企业管理情境的形成根源、构成及内化机理[J]. 管理学报，2017，14（2）：159-167.

[165] 秦宇,李彬,郭为,对我国管理研究中情境化理论建构的思考[J]. 管理学报,2014,11(11)：1581-1590.

[166] 韩巍. 情境研究：另一种诠释及对本土管理研究的启示[J]. 管理学报，2017，14（7）：947-954.

[167] 井润田，卢芳妹. 中国管理理论的本土研究：内涵、挑战与策略[J]. 管理学报，2012，9（11）：1569-1576.

[168] 任兵，楚耀. 中国管理学研究情境化的概念、内涵和路径[J]. 管理学报，2014，11（3）：330-336.

[169] 梁觉，李福荔. 中国本土管理研究的进路[J]. 管理学报，2010，7（5）：642-648.

[170] Child J. Context，comparison，and methodology in Chinese management research[J]. Management and Organization Review，2009，5（1）：57-73.

[171] 曾萍，刘洋，应瑛. 转型经济背景下后发企业创新追赶路径研究综述——技术创新抑或

商业模式创新?[J]. 研究与发展管理，2015，27（3）：1-7.

[172] 叶强生，武亚军. 转型经济中的企业环境战略动机：中国实证研究[J]. 南开管理评论，2010，13（3）：53-59.

[173] 苏敬勤，张琳琳. 情境内涵、分类与情境化研究现状[J]. 管理学报，2016，13（4）：491-497.

[174] 陈春花，宋一晓，曹洲涛. 中国本土管理研究的回顾与展望[J]. 管理学报，2014，11（3）：321-329.

[175] 吕力. 中国管理实践问题与管理的实证理论和规范理论[J]. 管理学报，2013，10（2）：191-198.

[176] Park S H，Luo Y. Guanxi and organizational dynamics：organizational networking in Chinese firms[J]. Strategic Management Journal，2001，22（5）：455-477.

[177] Cheng B S，Wang A C，Huang M P. The road more popular versus the road less travelled：an "Insider's" perspective of advancing Chinese management research[J]. Management and Organization Review，2009，5（1）：91-105.

[178] 傅晓，李忆，司有和. 家长式领导对创新的影响：一个整合模型[J]. 南开管理评论，2012，15（2）：121-127.

[179] 童泽林，黄静，张欣瑞，等. 企业家公德和私德行为的消费者反应：差序格局的文化影响[J]. 管理世界，2015，（4）：103-111.

[180] Yin R K. Case Study Research：Design and Methods.[M]. 3rd ed. Thousand Oaks：Sage Publications，2003.

[181] 陈晓萍，徐淑英，樊景立. 组织与管理研究的实证方法[M]. 北京：北京大学出版社，2008.

[182] 冯雪飞，董大海. 案例研究法与中国情境下管理案例研究[J]. 管理案例研究与评论，2011，4（3）：236-241.

[183] Daft R L，Marcic D. Understanding Management[M]. 10th ed. Boston：Cengage Learning，2015.

[184] 席酉民. 企业外部环境分析[M]. 北京：高等教育出版社，2001.

[185] Strauss A，Corbin J. Basics of Qualitative Research Grounded Theory Procedures and Techniques[M]. 4th ed. Thousand Oaks：Sage Publications，2014.

[186] 叶广宇，刘美珍. 制度地位与企业横向整合管理模式多案例研究[J]. 管理学报，2013，10（4）：494-501.

[187] 叶广宇，黄晓洁. 企业制度地位的区域差异、认知与横向整合管理模式[J]. 管理学报，2013，10（9）：1291-1300.

[188] Peng M W，Luo Y. Managerial ties and firm performance in a transition economy：the nature of a micro-macro link[J]. Academy of Management Journal，2000，43（3）：486-501.

[189] 胡树林. 对外商投资企业实施超国民待遇的危害性分析[J]. 南亚研究季刊，2002，（4）：72-76.

[190] 吴彦艳，赵国杰，丁志卿. 改革开放以来我国利用外资政策的回顾与展望[J]. 经济体制改

革，2008，（6）：13-16.

[191] 张卓元. 中国国有企业改革三十年：重大进展、基本经验和攻坚展望[J]. 经济与管理研究，2008，（10）：5-19.

[192] 陈林，朱卫平. 创新、市场结构与行政进入壁垒——基于中国工业企业数据的熊彼特假说实证检验[J]. 经济学，2011，10（1）：653-674.

[193] 周江华，仝允桓，李纪珍. 基于金字塔底层（BoP）市场的破坏性创新——针对山寨手机行业的案例研究[J]. 管理世界，2012，（2）：112-130.

[194] Taylor T. Innovation in East Asia：the challenge to Japan[J]. E Elgar，1996，72（2）：418.

[195] Lamin A，Livanis G. Agglomeration，catch-up and the liability of foreignness in emerging economies[J]. Journal of International Business Studies，2013，44（6）：579-606.

[196] 江诗松，龚丽敏，徐逸飞，等. 转型经济背景下国有和民营后发企业创新能力的追赶动力学：一个仿真研究[J]. 管理工程学报，2015，29（4）：35-48.

[197] 赵晓庆，许庆瑞. 企业技术创新的战略框架[J]. 经济管理，2002，（16）：29-33.

[198] 傅家骥，施培公. 技术积累与企业技术创新[J]. 数量经济技术经济研究，1996，（11）：70-73.

[199] 顾乃康. 技术积累和国际生产[J]. 世界经济研究，1996，（4）：49-52.

[200] 滕璐璐，王传磊. 形成核心竞争力的技术积累途径[J]. 科技进步与对策，2009，26（19）：82-84.

[201] 林善波. 动态比较优势与复杂产品系统的技术追赶——以我国高铁技术为例[J]. 科技进步与对策，2011，28（14）：10-14.

[202] 施培公. 我国企业技术积累若干问题探讨[J]. 科研管理，1995，（6）：33-37.

[203] Cossette P，Audet M. Mapping of an idiosyncratic schema[J]. Journal of Management Studies，2010，29（3）：325-347.

[204] Nadkarni S，Narayanan V K. Strategic schemas，strategic flexibility，and firm performance：the moderating role of industry clockspeed[J]. Strategic Management Journal，2007，28（3）：243-270.

[205] Phaal R，O'Sullivan E，Farrukh C，et al. A framework for mapping industrial emergence[J]. Technological Forecasting and Social Change，2011，78（2）：217-230.

[206] 骆志豪，胡金星. 高层管理者的心智模式研究[J]. 学海，2010，（6）：56-59.

[207] 武亚军. "战略框架式思考"、"悖论整合"与企业竞争优势——任正非的认知模式分析及管理启示[J]. 管理世界，2013，235（4）：150-167.

[208] Rademaker L L. Qualitative research from start to finish：a book review[J]. The Qualitative Report，2011，16（5）：1452-1455.

[209] 张佳春. 基于中间产品的造船成本核算与控制研究[D]. 南京航空航天大学博士学位论文，2006.

[210] 陈强，黄胜. 生产中心制造船模式的研究与应用[J]. 中国造船，2003，44（3）：5-17.

[211] 张申，宋正勇，王传祖. 社会化造船模式的探讨[J]. 齐鲁渔业，2008，（12）：58-59.

[212] 苏敬勤，单国栋. 本土企业的主导逻辑初探：博弈式差异化——基于装备制造业的探索性案例研究[J]. 管理评论，2017，29（2）：255-272.

[213] 林毅夫，李永军. 比较优势、竞争优势与发展中国家的经济发展[J]. 管理世界，2003，（7）：21-28.

[214] 侯杰，陆强，石涌江，等. 基于组织生态学的企业成长演化：有关变异和生存因素的案例研究[J]. 管理世界，2011，（12）：116-130.

[215] 许庆瑞，吴志岩，陈力田. 转型经济中企业自主创新能力演化路径及驱动因素分析——海尔集团 1984~2013 年的纵向案例研究[J]. 管理世界，2013，（4）：121-134.

[216] 程聪，谢洪明，杨英楠，等. 理性还是情感：动态竞争中企业"攻击—回应"竞争行为的身份域效应——基于 AMC 模型的视角[J]. 管理世界，2015，（8）：132-146.

[217] 肖利平，何景媛. 吸收能力、制度质量与技术追赶绩效——基于大中型工业企业数据的经验分析[J]. 中国软科学，2015，（7）：137-147.

[218] 江诗松，龚丽敏，魏江. 转型经济中后发企业的创新能力追赶路径：国有企业和民营企业的双城故事[J]. 管理世界，2011，（12）：96-115.

[219] 张伟，付强. 转型经济条件下的垄断结构、垄断行为与竞争政策设计——反垄断与规制经济学学术研讨会观点综述[J]. 中国工业经济，2013，（9）：69-75.

[220] 王凯，王丽丽. 国有企业集团如何兼顾稳定与发展——制度逻辑的分析视角[J]. 经济与管理评论，2016，（2）：29-40.

[221] 李维安，徐业坤. 政治关联形式、制度环境与民营企业生产率[J]. 管理科学，2012，25（2）：1-12.